自治体の“台所”事情
“財政が厳しい”ってどういうこと?

今村 寛［著］

ぎょうせい

目　次

Part 2 自治体は「お金がない」？

Part 3 限られた資源をどう使う？
―対話型自治体経営シミュレーションゲーム「SIM2030」を通して

Part 5 全体最適を「対話」で導くヒトづくり

グラフィック：和田あずみ（株式会社グラグリッド）

プロローグ――「出張財政出前講座 with SIMふくおか2030」を知らないあなたへ

■どうして財政課は「お金がない」というのか

今、全国の地方自治体が「厳しい財政状況」に置かれていると言われていますが、皆さんは「自治体財政の厳しさ」についてどのように理解されているでしょうか。毎年度行われる予算編成の過程でも、財政課からは「お金がない」の一点張り。既存の事業に対する予算が毎年削られる一方、新しく取り組みたいことには一向に予算がつきません。

この本は、福岡市役所で3年前まで財政調整課長を務めていた私が全国各地で行っている「出張財政出前講座 with SIM《シム》ふくおか2030」の内容をまとめたものです。自治体の財政は厳しいと言いますが、何がどう厳しいのか、どうして厳しいのか、を知ったうえで、その厳しさにどう対処していけばいいのか、なぜその厳しさを乗り越えていかなければいけないのか、その具体的な方法について、一人でも多くの方に知っていただきたい、理解していただきたい。そう思ってこの講座をもう6年も続けています。

■はじまりは市職員向けの出前から

それは今から6年前、2012年（平成24年）の8月に唐突に始まりました。私は当時、福岡市財政局財政部財政調整課長として全会計の予算規模1兆8千億円を束ねる政令指定都市・福岡の金庫番を務める立場。厳しい財政状況の中、限られた財源を真に必要な施策事業に振り向けるための財政健全化のための計画を策定し、これを職員一丸となって推進することが私の使命でした。

その取り組みの一つとして私が始めたのが、市役所内の希望する職場に財政担当課長である私が直接出向き、福岡市の財政状況、今後の見通し、財政健全化の必要性や取り組みの方向性を説明する、職員向け「財政出前講座」でした。２０１２年（平成24年）８月の第1回から私が財政調整課長の職を退く２０１６年（平成28年）３月までの約3年半で80回開催し、２千人を超える職員の参加をいただきました。

■「出張」財政出前講座で全国行脚

この福岡市職員向けの「財政出前講座」を他の自治体でも実施してほしいという声が寄せられ、２０１４年（平成26年）９月に始まったのが「出張財政出前講座」です。長崎県諫早市で、諫早市の職員向けに冗談半分に始めたこの講座の噂が口コミで広まり、九州内はおろか遠く関東、東北からも依頼が寄せられ、２０１５年（平成27年）から活動が全国に拡大。この原稿を書いている２０１８年（平成30年）10月末現在で北は岩手県久慈市から南は沖縄県那覇市まで全国30都府県をめぐり、開催回数は90回を超えました。参加者も自治体職員だけでなく、一般市民、学生、議員等も加わり、あわせて４千人近くもの方にご参加いただいています。

■「SIM2030」をご存知ですか

対話型自治体経営シミュレーションゲーム「SIM2030」をご存知でしょうか。SIMは、シミュレーション、仮想体験の略。「SIM2030」は、とある仮想自治体を舞台に、2030年までの15年の間に5年ごとに起こるさまざまな課題に対し、6人が1つのチーム（仮想自治体の部長級職員）となって、対話に基づく政策選択を行い、判断を積み重ねていく対話型シミュレーションゲームです。2015年（平成27年）1月に熊本県庁職員有志の自主活動グループ「くまもとSMILEネット」が開発したものです。

このゲームでは、人口減少と税収減という厳しい財政状況の中で容赦なく自治体に襲いかかる各種の政策課題にいかに対処していくかという難しい命題を、財政の専門知識のない職員や一般市民でも体験することができます。ゲームという手軽さとそこで取り扱う政策選択の奥深さが評判を呼び、ここ数年で全国の自治体関係者の間で急速に普及し、職員研修や市民との対話の場で活用されています。

■「SIM2030」の爆発的な流行に乗って

ゲームの体験会等を通じて「SIM2030」の虜となったSIMファンたちが自分の自治体をモデルにしたカスタマイズ版を製作、その体験会参加者が各地でまた新たに自らのご当地版を作成し、それを披露するなかでまた新たな体験者がネズミ算式に増える「SIM2030パンデミック（汎発流行）」が全国ですでに起こり始めています。そして、自治体経営の困難さを体感するだけでなく、職員同士あるいは行政と市民との対話の重要性を学ぶツールとして、さらには市民参加による総合計画策定の過程において活用されるなど、その存在感も日に日に増しています。

私の「出張財政出前講座」も２０１５年（平成27年）８月以降、単なる座学だった講座に「ＳＩＭ２０３０」による仮想体験を混ぜ込み、自治体経営の抱える課題をどのように解決すべきか、という理論や手法を座学と体験の両面から学ぶことができるプログラムとして実施するようになりました。このアレンジが功を奏してプログラムの魅力が増したことで、私の講座は全国から引っ張りだことなり、財政調整課長を退いた今も手帳には半年先まで出張財政出前講座のスケジュールが書き込まれているとい

う状態になってしまいました。

■この本を書くことになったわけ

私の「財政出前講座」は、2012年（平成24年）の開講以来6年を経過し、すでに職員向け、他自治体向けを合わせて170回の開催を数えています。いまだに新たな依頼が舞い込み、ワーク・ライフ・バランスを考えながらそのスケジュールを調整していますが、全ての依頼に満足にお答えすることができないでいます。また、一度聞いただけでなんとなくわかったような気になっている方が、二度三度と繰り返して受講することでやっと真意が理解できたという声も耳にしており、講座で速射砲のようにただ言葉を並べるだけでは不十分だという忸怩たる思いもあります。

そんななかで、ぎょうせいから「財政出前講座を本にしませんか？」という依頼をいただきました。まだこの講座内容をお届けできていない方へ、また、過去に講座を受講したけれどもう一度自分のペースで学習し直したいという方や、まだ受講していない方にこの講座を薦めたいという方へ、私が普段4時間半の講座で語り、皆さんにお伝えしている事柄を改めてまとめ、きちんとお届けできる大変貴重な機会をいただいたことを深く感謝し、拙稿ながらここに筆を執らせていただくことにしたものです。

■財政の入門書ではありません

本書では、福岡市を例にとって自治体財政の構造や現状、将来見通しなどをお示ししながら「なぜ自治体には『お金がない』のか」「どうやったら『財政健全化』が果たせるのか」を解き明かしていきます。また、対話型自治体経営シミュレーションゲーム「ＳＩＭ２０３０」を通じてゲームを体験した方が何を学べるかをお示しし、ゲームをやってみたい、つくってみたい方への指南書としてご活用いただきたいと思っています。さらに、通常の出前講座では時間の関係上十分に触れることができない「出前講座の現在・過去・未来」をご紹介しながら「なぜ私がこんなことを一生懸命やっているのか」ということについてもお伝えできればと考えています。

なお本書は、基本的には普段私が出張財政出前講座でお話している内容を書き起こすことを目的としています。このため、「財政」という専門分野のうち本当に知っておいてほしい最低限度のこと「財政が厳しいとはどういうことか」「財政健全化とは何か」に焦点を当てており、財政の入門書としてしっかり基礎から網羅的に勉強しようと考えている方には不向きであることをあらかじめご了承ください。

■グラフィックレコーディングとのコラボレーション

この本にはたくさんのイラストが挿入されています。これは単なるイラストではなく「グラフィックレコーディング」と呼ばれる技法により記録された私の出前講座そのものです。

グラフィックレコーディングというのは、会議での議論や流れを視覚化し、参加者と共有する手法で、参加者の思考や発現内容をリアルタイムで視覚的にわかりやすく伝えることができるので、アイディア創発の場や、会議での合意形成を促すためのファシリテーションの手法として使われる技法の一つです。

私がグラフィックレコーディングと出会ったのは２０１６年（平成28年）の10月、千葉県茂原市の職員研修で出張財政出前講座を披露させていただいたときでした。講座の内容を視覚的に理解できるよう、壁に貼った模造紙に絵を描きながら記録していくこの技を通じて、私は自分の講座を客観的にとらえ直すことができ、また、そのわかりやすさと親しみやすさ、そして私自身が意識していなかった、私の講座の「物語性」を感じ取ることができたのです。

このとき、グラフィッカーを務めてくださったのがビジュアルファシリテーターの和田あずみさん。今回の出版企画が持ち上がった際に、真っ先に私は彼女とのコラボレーションをお願いすることを考えました。単なる挿絵ではなく、講座のライブ感を本の中で伝えていくために、そして、講座の内容を文字で起こす過程でどうしても薄まってしまう、私自身の熱量を読者の皆さんにお届けするために。

和田さんのイラストのおかげで、きっとこの本を手に取る皆さんが、私の講座をあたかも今ここで聴いているかのような感覚で読み進めていただけることと思います。

自治体で財政にかかわる仕事をされている皆さんはもちろん、「財政」に縁遠い自治体職員さんにも、あるいは自治体職員以外の皆さんにも、この本を通じて「自治体の財政は何がどう厳しいのか」「どうし

こんにちは！　ビジュアルファシリテーターの和田あずみです。

普段は、グラグリッドという共創型サービスデザインファームで、新しいサービスや商品、事業創出のコンサルティングを行っています。

その時にとても大事にしているのが「描く」ということ。先が見えない、未知の状況を進むとき、絵を「描く」ことがとても大きな推進力となるのです。

私自身、自治体の財政については「なんだかわからない、とっつきづらいもの」と感じていました（恥ずかしながら、大学時代、政治経済学部で学んでいたにもかかわらず、です……）。複雑に見えるし、判断している人が見えづらいがゆえ、自分とは縁遠いものに感じていました。

しかし、千葉県茂原市での今村さんの出張財政出前講座にて話を伺い、絵を活用したグラフィックレコーディングで可視化したことで、「とっつきやすくなった」「理解が進んだ！」というお声をいただくことができました。また、私自身、財政が身近なものに感じられるようになりました。

この本をお読みくださっている皆様にも、複雑に見え、縁遠くなりがちな「財政」について、内容を理解し、親しみやすくなる一助になれたらと思っています。

同時に、今村さんの想い、「出張財政出前講座 with SIM ふくおか2030」の場の価値を、感性的に、熱量をそのままに伝えることで、活動を広げる力となれたら、とても嬉しく思います。

て財政課は『お金がない』というのか」を感じ取っていただければ幸いです。

■いざ、財政出前講座の世界へ

能書きが長くなりましたが、そろそろ本題の講座の方へ入らせていただきたいと思います。

では、「出張財政出前講座 ｗｉｔｈ ＳＩＭふくおか２０３０」、始まります！

＊「ＳＩＭ２０３０」シリーズの元祖、「ＳＩＭ熊本２０３０」は２０１９年春、諸般の事情により、「ＳＩＭＵＬＡＴＩＯＮ熊本２０３０」と改称。これに追随し、「ＳＩＭ熊本２０３０」をカスタマイズした全国のご当地版で名称が変更されている。福岡市を舞台にカスタマイズした「ＳＩＭふくおか２０３０」も２０１９年６月以降「ＳＩＭＵＬＡＴＩＯＮふくおか２０３０」と改称しているが、本稿はこの原稿を執筆した２０１８年夏時点の名称を使用している。

Hello!

Part 1

財政課職員は
なぜ嫌われる!?

1 自治体職員の多くは財政の〝ざ〟の字も知らない

■財政のこと、今日は何が知りたいですか?

「財政出前講座」ってそもそも何を学ぶ講座と思いますか？

「財政のこと、予算のこと、財政課の仕事のこと……なんでも結構です。今日は何が知りたいですか？」

私は、講座開講時に必ず参加者の皆さんに尋ねます。少なくともこの本を手に取られたあなたは「財政」について何らかの関心を持っていると思いますが、ではあなたは「財政」について何をどのように知っていて、この本から何を学びたいと考えているのでしょうか。

あなたが自治体の現役の財政課職員であれば「財政健全化に向けた福岡市の取り組みについて学びたい」と思っているかもしれません。財政課に異動したばかりの職員であれば「財政課職員として必要な財政用語等の基礎知識や予算査定の方法、着眼点などを学びたい」という視点をお持ちかもしれません。財政のことをよく知らない自治体職員のあなた、あるいは自治体職員でなくても自分の住んでいるまちの財政のことを詳しく知りたいあなたにとっては、「財政」というのは、知っておいた方がいいのかもしれないけれども、どこか難しそうで縁遠いものなのではないでしょうか。

私は財政の仕事を係長時代に5年、課長時代に4年務め、自治体財政のなんたるかについては極めて初歩的な話からかなり実務的、専門的な話まで一通りお話できる自信があります。しかし、自治体職員向けに始めた私の財政出前講座では専門的な詳しい話題にはほとんど触れず、テーマを絞って話を進めることにしています。

■自治体職員の多くは財政のことをよくわかっていない

なぜなら、少しキツい言い方をすれが、自治体職員の多くは「財政の〝ざ〟の字も知らない」、つまり今からお話するような「予算とは何か」というような基礎的な知識がきちんと備わっていないからです。現実に、170回を超える財政出前講座の冒頭に尋ねる「今日は何が知りたいですか」という問いに対し、かなりの確率で「そもそも財政とか予算とかいう言葉そのものがよくわからない」という答えが返ってきます。また「財政課がどんな仕事をしているかわからない」「なぜ査定されるのか、どうやったら予算がつくのか知りたい」という意見もかなりあります。

これは役所に入りたての新人職員さんだけではありません。自治体職員として10年、20年という経験を積み、市民から預かった税金を「予算」として執行して行政運営を担っている方の中にもこういう状態の方が少なからずおられます。例にもれず私も、市役所に入って12年目に財政課に異動して実際に予算編成の実務を担うまでは、ここで言う「財政の〝ざ〟の字も知らない職員」でした。職員がこの状態ですから、市民の方はもっと「財政」と縁遠いところにおられるのだろうと思います。だからこそ、私は「財政出前講座」を始めたわけですが、その理由については後程詳しく触れていきます。

2　あなたのまちの財政課職員のこと、好きですか？

■全国の自治体で嫌われている財政課

「あなたは自分のまちの財政課の職員のこと、好きですか？」

講座の冒頭に行う「今日は何が知りたいですか」という問いかけに加え、私は参加者の皆さんにこんな質問をしてみたりもします。現役の財政課職員の方も講座に参加されているケースがあるので、参加者全員に目をつむっていただき、私の問いに対して黙って手を挙げてもらうのですが、この問いかけに対して必ずと言っていいほど会場内で笑いが起き、そして勢いよく手が挙がります。

そうです。財政課の職員は嫌われています。私の調査によると多少の地域差はありますが、どうやら全国どこでも同じような状況のようです。

その理由は簡単。財政課の職員は、二言目には人の仕事に注文をつけます。

「この事業、本当に必要ですか」

「こんなことやって効果があるんですか」

「もう少し安い金額でできませんか」

「この経費の積算、甘くないですか」

「他都市ではいくらかかっていますか」

「昨年はいくらかかりましたか」
「業者の見積書を持ってきてください」
などなど、予算を使って何かやろうとすると途端に財政課の質問攻めが始まります。

■注文ばかりでわかり合えない間柄

現場からすれば、必要だから、効果があるから、最低限の必要経費を予算として確保したいと思っているだけなのに、現場のことを知らないくせにやたら茶々を入れたがる財政課の職員のことを不快に感じた経験は、誰しも一度や二度、あるいはもっとたくさんあるはずです。

せっかく注文どおりの資料を取りそろえ、財政課に日参して求められる資料を説明し、理解を得たかと思いきや、十分な金額を予算としてつけてもらえない、いわゆる「査定」を受け、意気消沈してしまうというのもよくある話です。

どうして財政課は、自分たちのことをわかってくれないのか。現場のことを知りもしないで、とにかく金を削ることだけに血道を上げる。そんな悪い印象で財政課のことを見ている職員が多いのだと、この質問をするたびに実感しています。

たまに「財政課のこと、嫌いですか」と聞いても反応がないことがあります。講座参加者に若い職員が多い場合など、そもそも財政課との接点がないのでよく知らない、ということのようです。いずれにせよ、

わかってくれない
財政課
自治体職員

財政課のことが十分に知られておらず、正しく理解してもらっていない、というのが全国の自治体での実態だと私は感じています。

3　なぜ財政課は口うるさく注文をつけてくるのか

■財政課が守ってほしい二つのルール

全国の財政課職員は、皆さん嫌われたくてそんな仕事をしているのでしょうか。そんなことはありません。財政課が嫌われる理由は「他人の仕事に注文をつける」からだと先ほど書きましたが、注文をつけるのは嫌われるためではなく、きちんとした理由があるのです。しかし、その理由が「財政の〝ざ〟の字も知らない」職員にきちんと理解されていないことが原因だと私は考えました。

では、なぜ財政課は「他人の仕事に注文をつける」のかご存知ですか。私は講座でいつも「財政課には、皆さんに守ってほしい二つのルールがあります」と説明しています。この二つのルールが「財政」の基本原則であり、財政を理解するうえで極めて重要なのですが、職員がそれを忘れがちなので、ことあるごとに口を酸っぱくして注文をつけ、正しい方向に導こうとしているということなのです。

ではその二つのルールとは何でしょうか。

■支出は収入の範囲でないと使えない

一つ目は、自治体職員にありがちな「予算」という言葉に対する誤解を解くことです。「予算」というと多くの自治体職員は「使うことができるお金」のことだと理解していますが、これは、半分正解で半分は間違いです。

「予算」は、何にいくら使うのかという計画ですから、「使うことができるお金」というのは間違いではありません。しかし、「使うことができるお金」ということは、その金額と同じだけの収入がなければいけません。「予算」は何にいくら使うのかという支出の計画であると同時に、その金額が何の名目でどれくらい入ってくるのかという収入の計画である、ということを、自治体の多くの職員は見落としがちです。そこで一つ目のルール。

「支出は収入の範囲でないと使えない」

こうやって文字に起こすとあまりにも当たり前すぎて、こんなことくらい知っている、とお叱りを受けそうですが、事実、自治体の職員の多くは収入に無頓着です。自治体経営の中で収入部門と支出部門の分業が進んでいて、予算を使う側のほとんどの部門は、自治体の収入について日頃から情報を得ることがありません。ですから予算を使って事業を実施する現場では「あと少し予算があったら、もう少しいい事業ができるのに」と思いがちです。

現場が必要な予算を財政課に要求するうえで「要るものは要る」という主張しかできないのは、収入に関する実情を知らされていないのでやむを得ないのですが、財政課は「ない袖は振れない」と言いつつも、その「ない袖」を見せることとは、さまざまな事情があってあまり好みません。そこで、収入が足りないという相互理解がないまま予算査定が行われ、現場が必要だと主張している事業に思いどおりの予算がつかず、現場のフラストレーションが溜まるということが起こっています。

■予算は誰が決めている？

もう一つのルールは、予算の内容に関することです。さまざまな施策事業を実施するために必要な支出の財源を賄うのは自治体の収入ですが、その多くは「税金」です。皆さんご存知のとおり、税金は基本的には納めるときに納める側でその使い道をあらかじめ決めることができません（どの分野に充当されるかあらかじめ法で定められているものもあります。）。例えば、福祉にもっと力を入れてほしいので私の税金は福祉分野に充ててほしい、というような税金の納め方はできないことになっています。では、税金の使い道は誰が決めているのか。財政課長でしょうか。それとも首長でしょうか。

自治体に納められる税金の使い道は、毎年度の自治体の予算で決まります。私は福岡市の財政調整課長として福岡市の予算を束ねる立場にいました。あの事業にいくら、この施策にいくら要るという金額の積み上げが各課から集まってくるのを束ね、個々の施策事業の必要性や優先性などを考慮しながら全体を調整し、収入とのバランスを取ったうえで市長の判断を仰ぎ、そこで予算の案ができあがります。

ですが、そのまま市長の決裁をとれば使えるようになる、というわけではありません。

■予算は議会が承認しないと使えない

予算は議会が承認しないと使えません。これが二つ目のルールです。

市民が選挙で選んだ納税者の代表である議会が、全ての納税者の意見を代弁して、市長が議会に提出した予算案の内容を審査します。各施策事業の内容や金額、全体のバランスなど、市民が納めた税金の使い道として適切かどうかを審査したうえで、問題がなければ多数決で予算案が承認され、それぞれの施策事業にお金が使えるようになる、という仕組みです。

これも当たり前すぎて、何を今さらと感じる方もおられると思いますが、実はこの点も自治体職員の多くが忘れがちなポイントです。常日頃から市民と接しているはずの自治体職員がどうして議会のことを忘れてしまうのか。それは、

目の前の市民のことに一生懸命になりすぎて、そこにいない市民の目線、視点を忘れがち、ということです。

ある特定の分野の施策事業にたくさん予算をつぎ込めば、その分野にかかわりがある市民は満足しますが、その恩恵にあずかることができない市民はどのように思うでしょうか。現場で目の前の市民が喜ぶことに一生懸命になりすぎて、部分最適しか見えなくなり、全体最適の視点を失ってしまうことが往々にしてあります。

財政課の職員は、現場の職員が部分最適思考に陥り全体が見えなくなるのを見越して、さまざまな立場から選ばれた市民の代表で構成される議会できちんと承認されるよう、全体を見渡した視点で予算案が組まれているかをチェックする役割も果たしているのです。

4　予算はどうやってできあがる？

■1年間の収入と支出の計画を決める「予算編成」

では、自治体の予算がどうやってできあがるのか、そのプロセスを簡単にご説明しましょう。

日本の自治体の会計年度は4月に始まり3月に終わります。地方自治法では、各会計年度における歳出（1年間の支出）は、その年度の歳入（1年間の収入）をもってこれに充てなければならないとされていますので、毎年、4月から3月までの1年間の収入見込みを立て、一方でその収入を財源として行う支出の計画をつくっています。これが「予算編成」です。

予算は、毎年度4月当初から使うことができるように、その前年度末の3月中に議会の承認を受ける必要があります。このため、通常の自治体では2月中に翌年度の予算案を議会に提出しています。2月に翌年度の予算案を議会に提出するために、翌年度の収入を正しく見込み、また、その収入を充ててどのような施策事業に取り組むのか、を計画として立案していく作業が「予算編成」です。

「予算編成」は、翌年度1年間の自治体経営を決める非常に重要で、かつ広範囲にわたる計画作成になりますので、その作業にかける時間と労力も相当なものがあります。通常の自治体では11月から1月までの3か月はかけていますが、福岡市のように大きな自治体になると、さらに1～2か月多く時間をかけ、秋口から翌年度の予算編成が始まっているというようなケースもあります。この「予算編成」の中心的な役割を果たしているのが財政課になります（福岡市の場合「財政調整課」ですが、以後、便宜的に「財政課」と呼ばせてもらうことにします。）。

■大切なのは収入と支出のバランス

予算編成では、収入の見込み精査と支出の見積もりを別々に行っていきます。収入の見込みは主に財政課を中心とする財政・税務部門で行っている自治体が多く、過大に見込みすぎて不足することがないように、厳密に、正確に見込みを精査していく作業になります。ここにはあまり政策的な判断が働かず、あとで述べるような支出の見積もり精査の段階で生じる喧々諤々の議論はあまり起こりません。

一方、支出の見積もりについては、各施策事業を所管する所属からそれぞれ翌年度に必要な経費の積算を記した「予算要求」を行い、それを財政課で精査して内容や金額、全体のバランスを整え、別途精査している収入見込み額の範囲内に収める、という作業になります。これが非常に時間をかけて喧々諤々の議論をし、最後に断腸の思いで取捨選択の判断を下す「予算査定」というプロセスです。

使えるお金が潤沢にあれば、現場で各課がやりたいと思うことの全てに予算をつけることが可能ですが、そんな夢のような世界はどこの自治体にもありません。あれもやりたい、これもやらなければいけない、しかし使えるお金はこれだけしかない。そんな厳しい台所事情に四苦八苦しながら、現場からの「要るものは要る」という主張に耳を傾けつつ、自治体の未来のことを考え、全体最適を目指して個々の施策事業の必要性や優先性を判断し、あるいはその金額の妥当性を判断していくのが「予算編成」です。

■見えないところで格闘する財政課

このプロセスには、非常に高度な情報分析能力やバランス感覚、判断力が求められます。また、その判断が自治体経営や市民生活全般に及ぼす影響が大きく、時には首長の政治生命すら奪いかねない重要な政策選択にもかかわることから、財政課が予算査定において担う重圧はただごとではありません。

このため、財政課は予算編成が始まると、連日連夜、ひたすら分厚い予算要求調書の束と格闘し、関連する部署からのヒアリングに明け暮れ、首長や議会などの政治状況も勘案しつつ、昼夜の別なく働き続けます。しかし、重要な意思決定にかかるその努力の多くは密室の中で行われ、そのプロセスは予算を要求した現場の職員に十分に明らかにされることはありません。

結果として全ての予算要求に満額ＯＫの回答ができるわけでもなく、断腸の思いで決断した「予算査定」の結果、現場からは「財政から予算を切られた」「財政から査定で落とされた」という悪評が立ち、多くの自治体で財政課が嫌われるという結果になっているのです。

■財政課職員は我慢しすぎ？

財政課職員の苦労は、傍から見てとても忙しそうに見えるものの、何がどう忙しいのか、どんな重圧と戦っているのか、どんなジレンマに苦しんでいるのかについてはあまり他の職場の職員には伝わっていません。そのため、予算を満額つけることができなかったという結果だけで「あいつらは俺たち現場のことがわかっていない」と陰口をたたかれることもしばしばあります。

私が財政出前講座を始めたのは、財政課が嫌われている実情を憂慮し、弁明の機会をいただくためではありません。しかし、講座を通じて財政課の実情をお話しすると「財政課ってそんなに大変なんですね」と理解いただき、「財政課のことが嫌い」という印象が変わったという感想をいただきます。

逆に言うと、それだけ財政課には辛さや苦しみがありつつも、全国の財政課の職員は他の職場の職員に対して愚痴もこぼさず、黙々と、粛々と任務を遂行しているため、多くの自治体で予算査定を強権的に行っているという外側からの印象だけで財政課が悪く思われている、ということでもあります。

この活動を始めてから私はこう思うようになりました。
財政課の職員はそんなに我慢しないで、もっと他の職場に愚痴や悩みをこぼし、その辛さ、苦しみを分かち合うことができれば楽になれるのに、と。

5　誰がどうやって予算を決めているのか

■どうすれば予算が取れるのか

「どうすれば予算が取れるのですか」

財政出前講座で「今日、何が知りたいですか」と聞くと、必ず出てくる質問です。財政、予算のことで一番知りたいけれどわからないブラックボックスの中身。これさえ聞ければ今年の予算要求は大丈夫、とばかりに予算編成シーズン前には特にたくさんの方がこの質問を私に投げかけますが、実は私はこの質問に真正面から答えたことがありません。

この本にもその答えは書いていません。最後まで読んでいただいたうえで、私がなぜこの質問に答えないのか、を読み取っていただければと思います。

■全ての予算要求調書をチェックする「一件査定」

「予算編成」は、収入の見込みを精査し、その収入を財源として充てる施策事業に必要な支出の額や内容を精査しますが、支出の額や内容を誰がどのように精査するのか、には、大きく分けて二通りあります。

一つは、事業ごとに目的、内容、必要経費の積算を示した予算要求調書をまとめて受け取り、財政課で一件ずつその中身をチェックしていく「一件査定」。これは多くの自治体で取り組まれていた伝統的な手法で、財政課に権限と責任、そして情報を集約することで、全ての事業を同一の判断基準で取捨選択し、各分野での施策の力の入れ具合のバランスを取りながら全体で収支の均衡を図っていくことができる、予算編成の王道です。

しかしこの方法は、全ての事業を一人の財政課長が見て判断する、というプロセスになるため、とても多くの時間と労力がかかります。福岡市の場合、一般会計だけで事業数は約3千あり、この調書を全て読み込み、その経費の積み上げを全部適切かどうか判断することは、スーパーマンでもなければ無理だというのが、その立場にいた私の率直な感想です。また、経費の積算を全て財政課でチェックするため、資料が膨大になり、現場と財政課とのやり取りも大変頻繁に行われるため、財政課が予算査定に忙殺される繁忙期には、予算要求を行う現場にも同じくらいの負荷がかかり、全庁的に時間外勤務が増えてしまうという弊害もありました。

■現場に責任と権限を委ねる「枠配分予算」

福岡市では2005年度（平成17年度）当初予算編成以降、「枠配分予算」という手法を導入しています。

これは、あらかじめ推計した翌年度財源を一定のルールで各部局に予算編成前に配分し、その範囲内で自主的、自律的に部局単位の予算原案を作成してもらい、それを財政課が全体で束ねて調整するという仕組みです。

福岡市では政策目的ごとに組織化された20を超える局・区に対して、毎年9月ごろに局・区長が自律的に予算原案を作成できる財源が局・区の裁量枠として配分される仕組みになっており、配分された財源の範囲内で予算を組むために行う事業の取捨選択や経費の精査は、財政課ではなく各部局において行うことになります。義務的経費（Ｐａｒｔ２で述べます。）や特に政策を推進するために強化すべき経費など、局・区長の裁量枠とは別に予算を要求し財政課が調整する仕組みも併用していますが、原則として全ての事業があらかじめ配分された枠の中で取捨選択することになっているため、局・区長の

裁量が生かされる反面、限られた財源の中で必要な経費を確保するために局・区の事業を廃止縮小する判断を局・区長自らが行うということもあります。

財政課は、各局・区にどれだけの財源を配分するか、という事前の調整と、各局・区で作成した原案を全体で見渡した際に施策事業のバランスや過去の政策決定、市長や議会・市民の意見との整合が取れているかをチェックすることに専念し、個別の事業の経費の内訳など、政策を実現するための具体的な手段の選択は現場に任せる、というのが「枠配分予算」という手法です。

■一件査定と枠配分予算、どっちが良い仕組み?

「一件査定」と「枠配分予算」では、予算案の調整を行ううえでの判断のプロセスが異なり、誰がどこで予算の内容を議論して判断しているかが異なります。もちろん予算は財政課が全て決定権を持っているのではなく、首長の予算編成権を補佐しているにすぎませんから、最終的には首長の判断を仰ぐことになります。また、多くの自治体では、この二つの方式を併用しているところも多く、その併用のルールもさまざまです。

ここでは、予算編成には二つの手法があり、財政課の持つ権限や責任も違いがある、ということくらいの理解にとどめておいていただき、講座の後半で、これらの手法の違いやそのメリット・デメリットについて改めてお話したいと思います。

財政課のこと、少しはわかっていただけましたか?

Part 2

自治体は「お金がない」？

1 使い道が自由に決められるのは「一般財源」だけ

■ 収入は支出の裏付けとなる「財源」

ここから自治体の財政について講義を進めていくことにしましょう。

まず「歳入」、つまり1年間に入ってくる収入についてです。先に述べたように、自治体のほとんど全ての職員は、自分たちが1年間で使うことができる金額である「歳出」については関心があるものの、収入についてはほとんど知識も興味もありません。そこで、私は、自治体の収入のうち、「財政出前講座」ではメインテーマである「財政健全化ってなんだろう？」という問いかけを理解するうえで知っておいてほしいことだけ、簡単に説明することにしています。

自治体の収入にはいろんな種類があります。福岡市を例にとってみても「市税」「地方交付税」「地方譲与税」「国県支出金」「使用料等」「市債」など、さまざまな収入があり、これらが自治体の支出の裏付けとなる「財源」になっています。

私の「財政出前講座」では、この財源の一つひとつを細かく学んでいくようなことはしません。ここで皆さんに覚えてほしいのは一つだけ。**図1**の円グラフの内側に記載している「一般財源」と「特定財源」で、財源にはこの2種類がある、ということだけ覚えてもらえたら結構です。

■特定のことにしか使えない「特定財源」

「特定財源」とは、その名前のとおり「特定」の財源のことで、特に定められたことにしか使えません。国や県からの補助金などがその代表例です。例えば、道路や公園、学校などの公共施設をつくるとき、国や県から一定の割合や金額の補助金が交付されますが、これは目的が明確に定められていて、その目的以外の使途に充てることはできません。金額が余っても他の使途に充てることができず、もし違う目的の使途に充てれば返還の義務が発生する、いわゆる「ひも付き」と呼ばれる財源です。

■使い道を自由に決めることができる「一般財源」

一方、「特定財源」と違って、自治体が自由に使い道を定めることができる財源を「一般財源」

図1　福岡市の歳入（一般会計）（平成28年度予算）

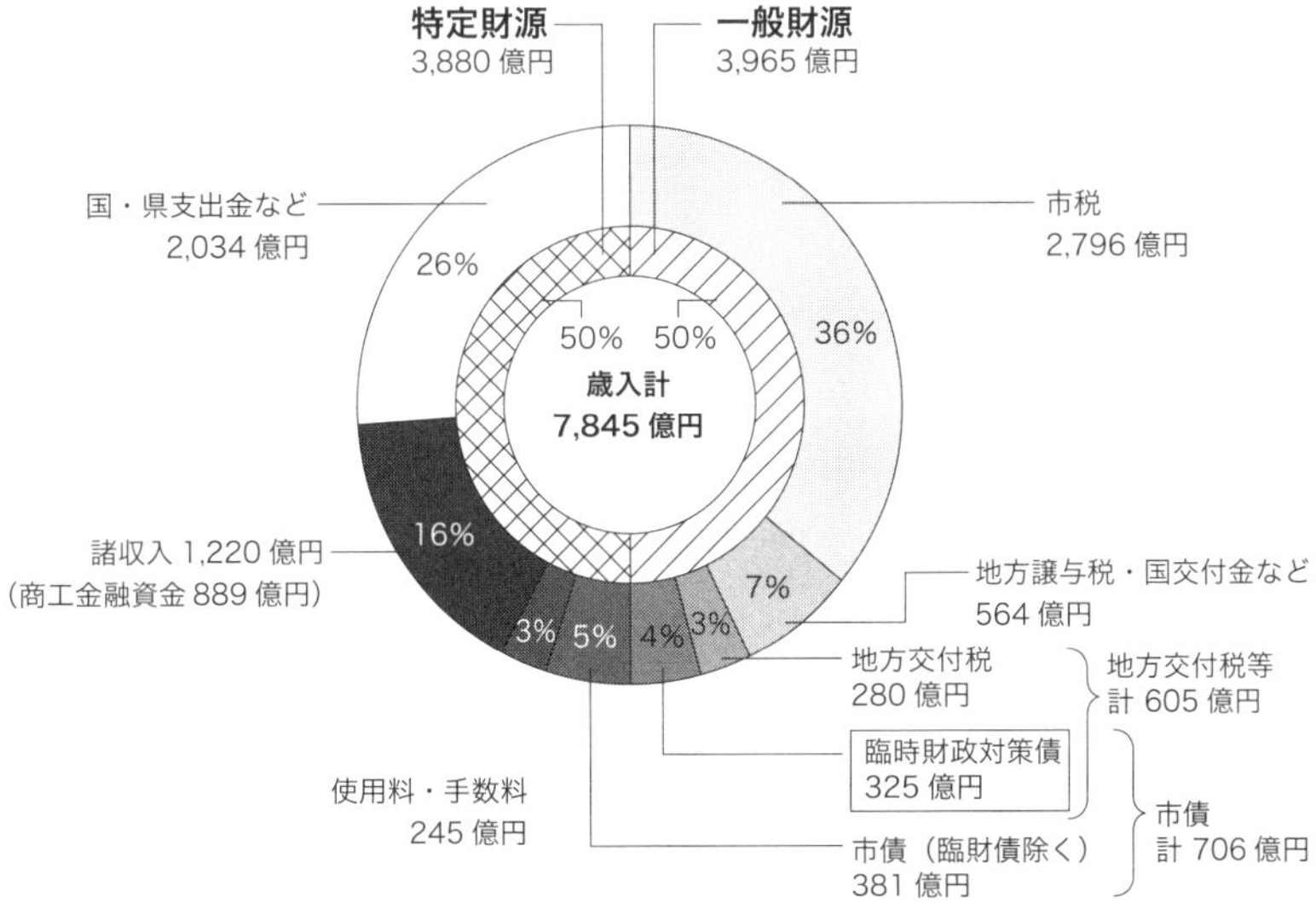

といいます。市町村税がその大半を占めますが、地方交付税や地方譲与税など、国や県が集めた国税や県税を一定のルールで市町村に配分するものもあります。これらは「特定財源」である国や県から交付される「国県支出金」とは異なり、国や県で使い道を定めずに市町村に交付されるため、市町村で自由に使途を決めることができます。当然、余っても返還する必要のない市町村固有の財源なのです。

■自由に使えるお金がどのくらいあるのかが全ての前提

自治体で予算編成を行う際には、自治体の置かれている現状や市民のニーズなどを踏まえ、どの分野のどんな施策・事業に、どのような内容の予算を計上するかを考えることになります。そのため、その前提として、自分たちで自由に使い道を決めることができる「一般財源」がどのくらいあるのか、をきちんと知っておくことが必要です。これは各年度の予算を編成する際だけでなく、自治体の財政状況について把握し、どのくらい健全なのか、どのくらい危機的な状況なのかを考えるうえでも同じことです。収入の総額を把握することも大事ですが、そのうち自由に使えるお金がどのくらいあるのかを知ることが最も重要なことになるのです。

2　どこにどのくらい使っているの？

■支出の総額で見てみると

次は「歳出」です。歳出とは、1年間でどこにどのくらい使う予定なのかを示したものです。

図2は福岡市の予算ですが、どこのまちでも「私たちのまちの予算」というタイトルで市政だよりや市のホームページで公開されていますので、こういった円グラフで見たことがある方はたくさんおられると思います。図2は、目的別予算という表示方法で、こどもの育成に1073億円、保健福祉に2047億円、経済・観光・文化の振興に1093億円、といったように、政策目的別にどのくらいのお金を使う予定なのかを明らかにしたものです。この円グラフは歳出額の内訳を表したもので、この円グラフから、自治体が使う金額の総額に対して、どこにどのくらい使うの

図2　歳出（目的別）— 歳出ベース

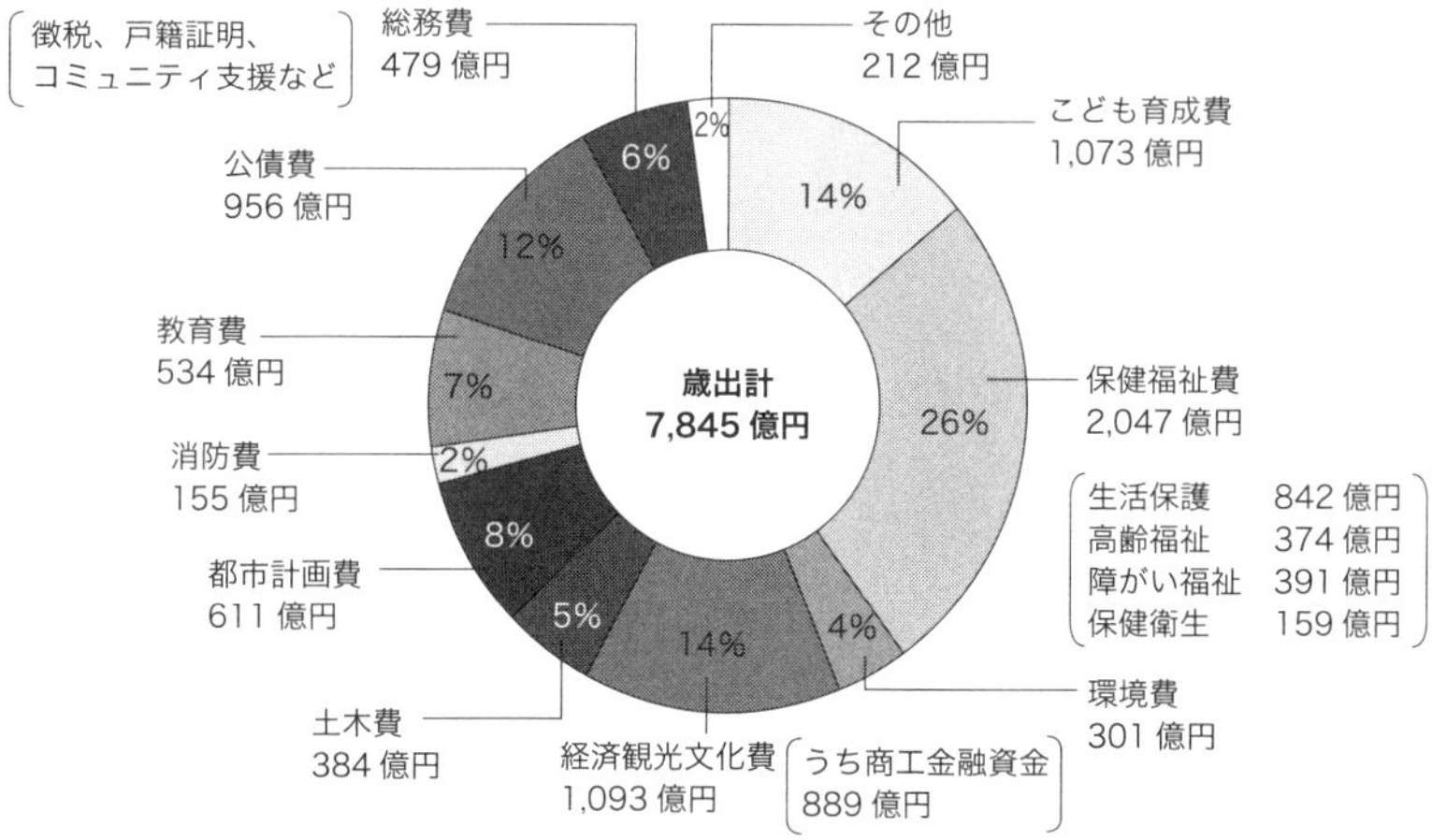

か、ということがわかります。

■一般財源で見てみると

図3を見てみましょう。

これは、福岡市の1年間の支出の内訳を、「一般財源」の総額をベースに表したもので、自治体が自由に使えるお金がどこにどのくらい使われることになっているのかを示したものです。よく見てみると、図2の歳出額の円グラフとはそれぞれの占める割合が異なることがわかります。これは、支出の内容によっては特定財源が大きな割合で充当されるものがあるためです。例えば、経済・観光・文化の振興に充てる予算の大半は商工業者への貸付を行う商工金融資金ですが、その財源は前年度までに貸し付けた融資の返済金が充てられるため一般財源は使われていません。一方、図2では支出額の割合が小さかったものでも、その財源のほとんどが一般財源で占められ

図3　歳出（目的別）― 一般財源ベース

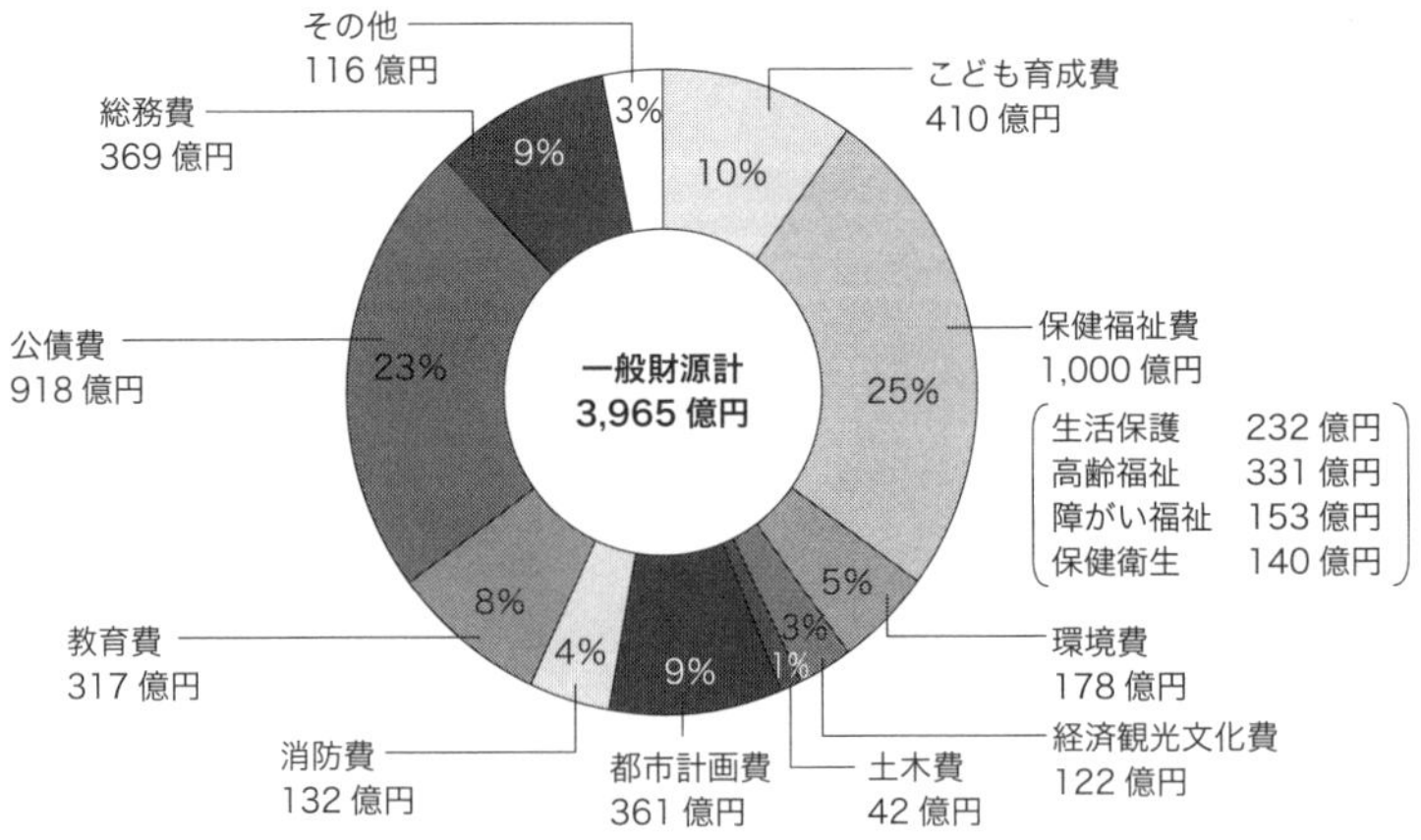

ているものもあります。

今からお話する「自治体には本当にお金がないのか」という問題を考えるうえではこの点に注意する必要があります。

3　義務的経費って何？

■必ず支払う義務がある裁量のきかない経費

歳出予算の内訳を別の観点でとらえてみましょう。

図４の円グラフは「性質別」という切り口で整理されたものです。人に係る「人件費」、モノに係る「物件費」という具合に、自治体の支出をその性質ごとに区別したものです。全ての種類を覚える必要は全然ありません。ここではそのうち三つだけを覚えましょう。

その三つとは「公債費」「扶助費」「人件費」です。これらを総称して「義務的経費」といいます。「義務的経費」とは、その名のとおり支払う「義務」がある経費のこと

図４　歳出（性質別）― 一般財源ベース

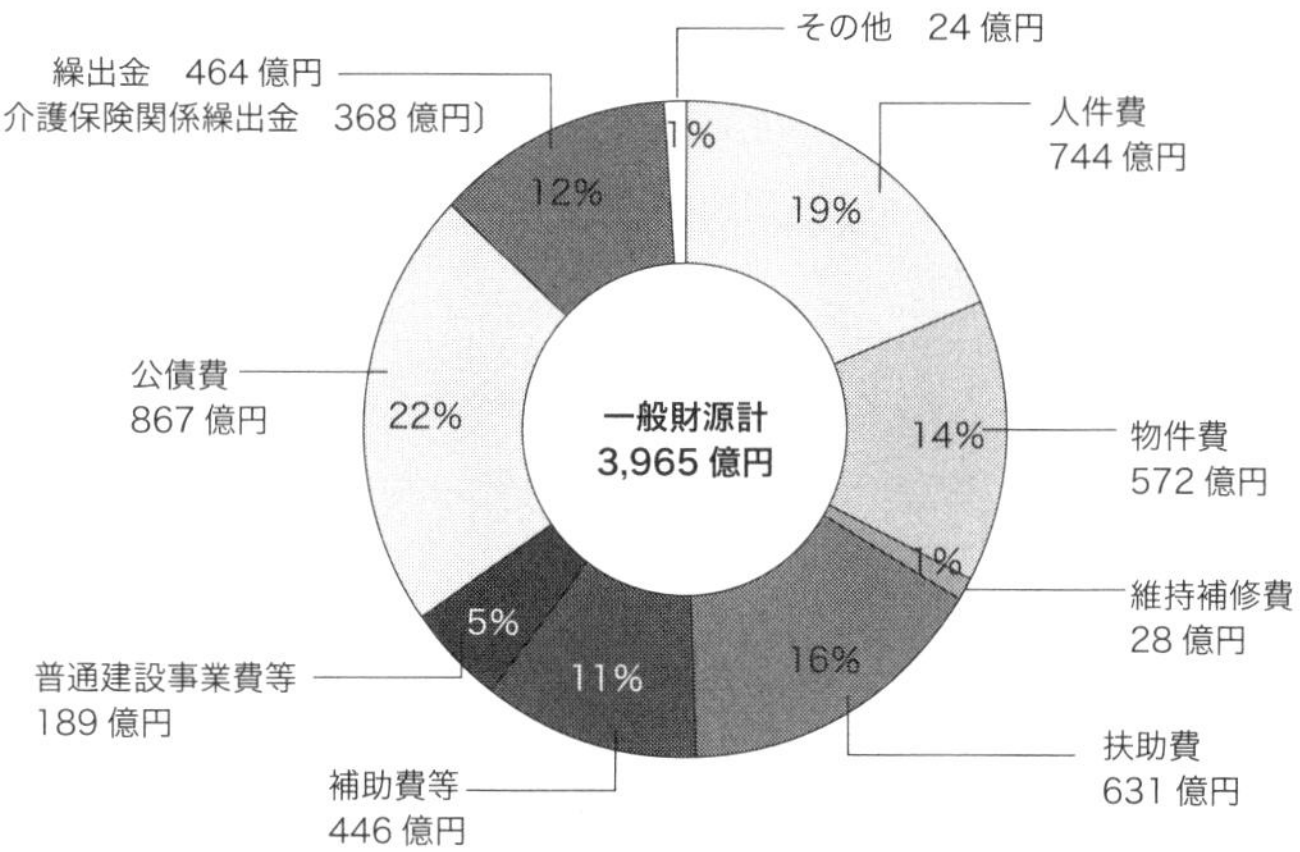

で、その支払いについて裁量がきかず必ず払わないといけないものです。

■借金の返済に係るお金「公債費」

一番義務が強いのは「公債費」です。これは、自治体が借金をした場合の返済に係るお金のことです。自治体は、一定のルールと条件のもとで借金をすることができますが、お金を借りる際には必ず「いつまでに返す」「毎年いくら返す」「金利はいくらつける」と決めていますので、決まったとおりに返していくのは当たり前の「義務」です。今年は資金繰りが苦しいから、支払いを来年まで待ってもらうということは自治体の信用にかかわりますので許されません。借りたときに決めた義務をきちんと履行していく必要があり、これは自由な裁量のない「義務的経費」ということになります。

■社会保障に関する給付のお金「扶助費」

次に硬直性が高く、自治体の裁量が働かないのは、「扶助費」です。生活保護や児童手当など、社会保障に係る給付のお金と考えるとわかりやすいでしょう。予算がないからといって、窓口に来られた方に「来年の4月にまた来てください」とはいえません。

この「扶助費」について自治体の裁量がきかない理由には、三つの要素があります。

まず制度の問題。ほとんどの社会保障制度は、国が制度設計しています。対象者の範囲や給付の額、方

自由に使えるお金はどのくらい？
実は
使い道が決まっている
義務的経費
公債費
扶助費
人件費
ここ20年で増えている
自由に使えるはずの
一般財源
だけど…
使い道を決める裁量のあるお金はココだけ
ここ20年で狭まってきている

法など、全て国で決めていて自治体の裁量がないものがほとんどです。次に対象者の問題。その制度の対象者が自治体内に住んでいるかどうか、というのは、自治体でコントロールできません。社会保障費を支払いたくないので、うちの自治体には住まないでください、とは絶対にいえません。最後に申請の意思の問題。制度があって対象者がいたとしても、その方が給付の申請をされるのかどうか、自治体では全く関与できません。

給付に関する制度があって、その対象者がいて、その方が役所に「ください」といえば払わなければならない「扶助費」は、公債費の次に自治体の裁量がききづらく、また今後急増が見込まれることから、その対応は自治体にとって極めて重要な課題となっています。

■自治体職員の給与・手当に関するお金「人件費」

最後に「人件費」です。自治体職員の給与や手当、賞与、退職金などがこれにあたります。私たちはこれを「義務的経費」と呼んでいますが、民間企業であればこれはただの経費です。企業経営が苦しければ、当然経費削減の対象になるものですが、公務員の場合にはそういうわけにいきません。

自治体職員には法令上身分や給与水準の保障があり、リストラで大量に解雇されたり、給与や賞与が大幅に削減されたりするようなことはありません。その代わり、自治体職員として公平公正に、世のため人のために働きなさい、ということになっています。その是非は置いておくとして、現行制度では自治体において公務員に係る人件費は「義務的経費」として扱われています。

　もっともこれは、全く裁量がきかないわけではなく、自治体の財政状況に応じて首長が独自に取り組めることとして、退職と採用の人数を調整して定数を削減したり、人事委員会勧告とは別に給与水準の一定の率を引き下げたり、ということは行われており、先に述べた「公債費」や「扶助費」に比べれば、一定の裁量があると言えます。

■使い道を決める裁量があるのは半分以下

　福岡市の場合、自由に使えるはずの「一般財源」の6割が「義務的経費」に充てられています。たくさんお金があるように見えていますが、実は義務的経費だけで6割はすでに使い道が決まっており、使い道を決める裁量が残っているのは半分以下、4割程度しかありません。

4　この20年間で増えたもの、減ったもの

■公共事業が減り、借金の返済が増える

「一般財源」は、自治体が自由に使えるお金ですが、この20年近くの間にその使い道は大きく変わりました。福岡市を例にとり、その状況を見ていきましょう。図5では1991年度（平成3年度）を起点に、一般財源の使い道がどのように変わってきたか、10年後、20年後と比較しています。

1991年度（平成3年度）当時、福岡市で最も一般財源を費やしていたのは「普通建設事業費」、いわゆる公共事業です。道路や公園、学校などの社会資本を整備する「普通建設事業費」は、当時急ピッチでまちづくりを進めていた福岡市で最も財源が投入されていた分野です。あとで詳しく述べますが、公共事業は一般財源とは別に市債という借金を充てることができ、整備する年度の税収等で賄うこととなる一般財源の負担を後年度に繰り延べることができます。

1991年度（平成3年度）当時の公債費というのは、それ以前に公共事業のために調達した借金の返済に要するお金で、年間の一般財源の使途に占める割合は14％でした。ところがその約20年後、2010

図5　歳出構造の変化

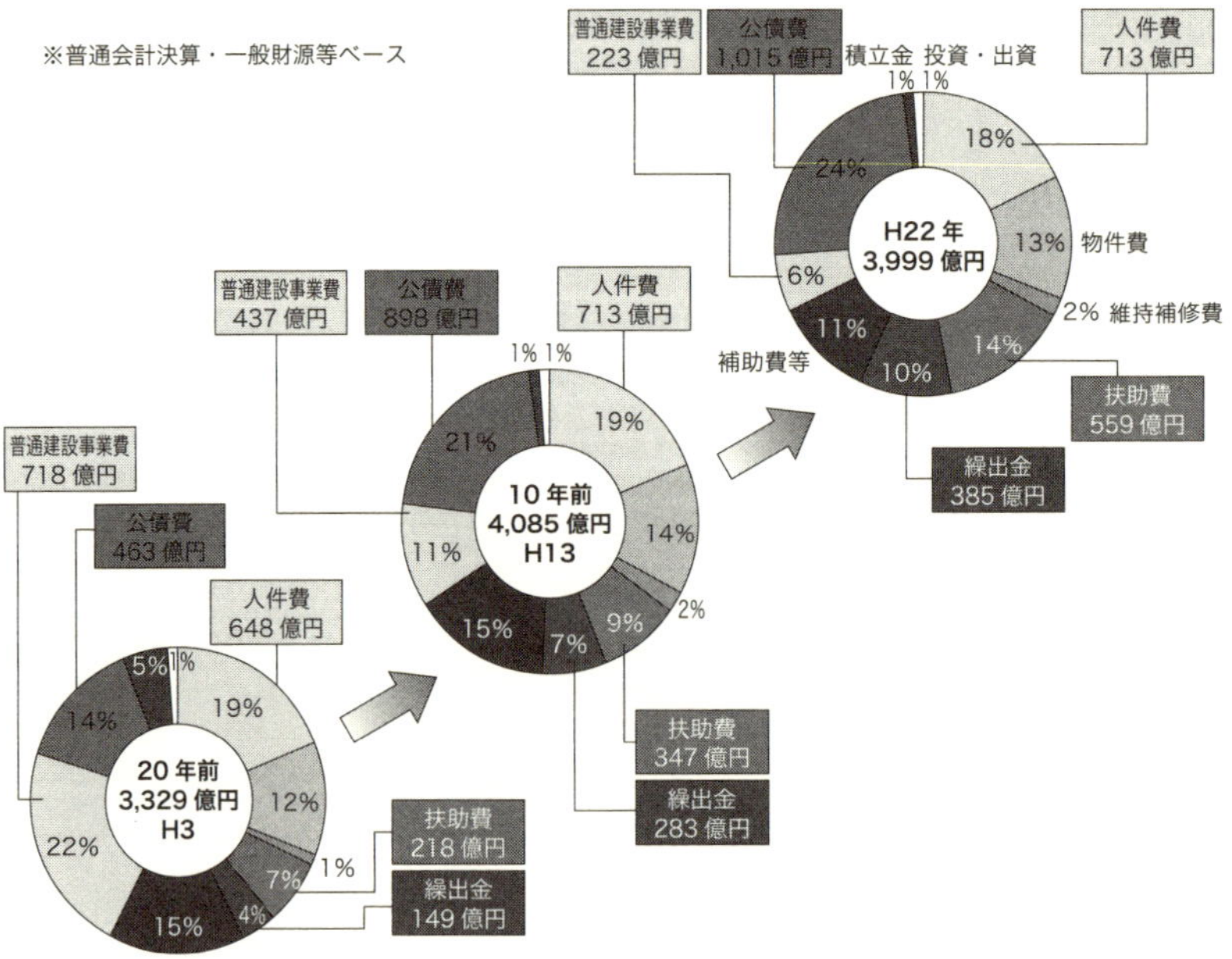

年度（平成22年度）を見ると普通建設事業費への一般財源充当割合が激減し、代わりに公債費のシェアが24％になっていることがわかります。つまり、この20年で新しい公共事業が減り、過去の公共事業でつくった借金の返済が増えた、ということができます。

■増え続ける社会保障費

一方、扶助費などの社会保障費は増加の一途をたどっています。増加の要因はあとで詳しく述べますが、図5を見ると扶助費と繰出金（医療や介護など、社会保障を実施する特別会計への一般財源の負担）の合計が全体に占める割合は、１９９３年度（平成３年度）の11％から２０１０年度（平成22年度）は24％と、20年間で倍になっています。

公共事業が減り、その借金の返済と社会保障費が増え、一般財源の使い道が狭まってきている。これがこの20年で起こった変化です。

5　借金するのは何のため？

■赤字を埋めるための借金はできない

図6は、福岡市が昭和50年代から今まで、毎年いくら借金し、それを毎年いくら返したかを表すグラフです。昭和の終わりごろから平成に入るまでくらいは借りる額も返す額も毎年３００億円から６００億

円程度。つまり残高は増えないのですが、1993年度（平成5年度）くらいから約10年間にわたり、毎年1千億円以上の借金を続けています。いったいこの10年間に福岡市に何があったのでしょうか。

ここで一つ確認しておきたいことがあります。自治体はなぜ借金をするのでしょうか。市民の皆さんはもちろん、自治体の職員でも正しく答えられる人は限られています。きっと多くの人は「お金が足りないから」「赤字を埋めるため」に借金をするのだと思っていると思いますが、それは違います。

国は、必要な支出の額に対して収入が足りないとき、収入と支出のギャップを埋めるために「赤字国債」を発行することがで

図6　市債発行額と公債費の推移（一般会計決算ベース）

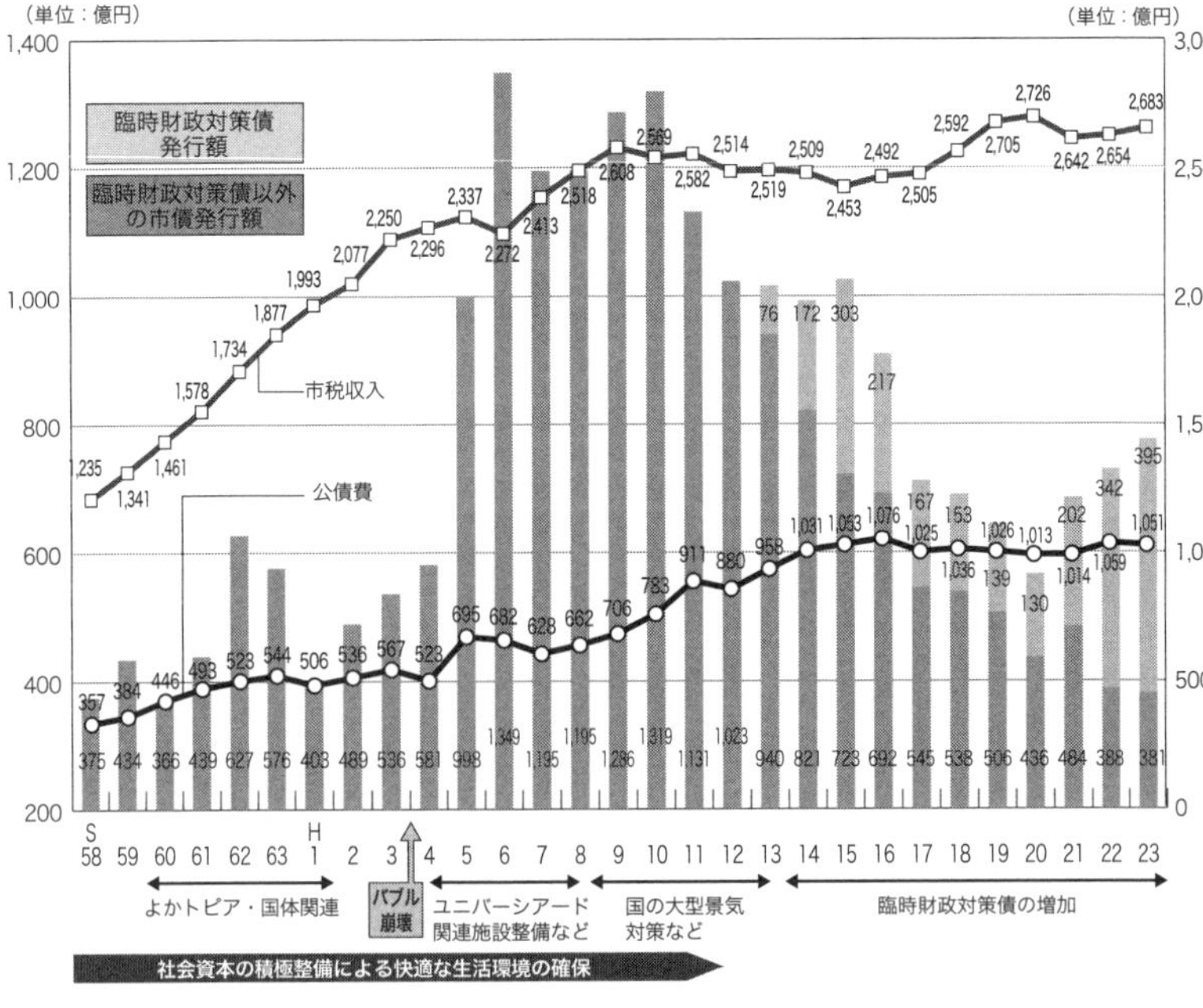

きますが、自治体では赤字を埋めるための借金は認められていません。国が赤字を埋めるために毎年予算の大半を借金で賄っているので、きっと自治体もそうだろうと錯覚している方が多いのですが、誤解です。自治体は赤字を埋めるための借金はできません。

では、何のために自治体は借金をするのでしょうか。

■借金は長く使う社会資本整備のため

自治体は原則として、道路や公園、学校などの社会資本整備のために借金をすることができます。これは、将来にわたって長く使い続ける社会資本の整備費用について、整備を行う時期の市民だけで負担するのではなく、その社会資本の便益を受ける将来の市民にも負担していただくことで世代間の公平を図る、との考え方によるものです。

自治体の借金は、将来の市民が使う社会資本をあらかじめ整備する投資です。整備するお金が貯まるまで待っていては、それまで不便な状態が続き、まちの成長を阻害することになります。将来を見越して、住みやすいまち、働きやすいまちを創るために借金をすることは決して悪いことではありません。大事なことは、将来の市民に遺す資産とそれによって負うことになる負担のそれぞれが、本当に将来の市民が望むものか、その負担を受け入れることができるものか、そしてきちんと負担できる額か、ということです。

6　市債残高が高いのは財政が健全でないということか

■社会資本整備の遅れを取り戻すために

福岡市には今でも２兆４千億円あまりの市債残高があり、毎年多額の借金返済を続けていることに市民からは不安を感じる声も聞こえます。しかし、先に述べたように、市債でつくった借金はこれまでに行った社会資本整備の投資額です。

１９７２年（昭和47年）に政令指定都市になって以降、人口増加が先行し、その伸びに社会資本整備が追い付かなかったのが昭和の終わりごろの福岡市です。１００万都市でありながら未整備の道路も多く、住宅や公園、学校も不足、下水道の普及もまだまだでした。それが平成に入るころにようやく市税収入も伸び、公共事業に必要な一般財源を優先的に確保できるようになったことから遅れていた社会資本整備に急ピッチで取り掛かった１９９３年（平成５年）ごろから、市債発行額が急増しています。

■都市の魅力と生活の質を兼ね備えた存在感のある都市へ

それから約10年の間に、課題とされていた市西南部の交通対策として外環状道路をはじめとする都市計画道路が整備され、福岡都市圏全体をつなぐ都市高速道路網や地下鉄七隈線も開通しました。下水道は人口普及率でほぼ１００％に達し、公営住宅、学校、公園も順次整備、地区体育館や地域交流センターの整備や小学校区単位で整備された公民館の拡張など、市民生活に身近な施設も充実しました。

さらに、マリンメッセ福岡や博多座、国際会議場などの大規模なコンベンション施設・文化施設、福岡の経済を支える物流・人流のゲートウェイとして福岡空港や博多港の整備も積極的に進めました。おかげで福岡は日本の中でも有数の、都市の魅力と高い生活の質を兼ね備えた存在感のある都市として成長発展することができました。私たちは、先輩方がつくり、残してくれた社会資本のおかげで、豊かな都市生活を送ることができているのです。

■資産があればその分負債があるのは当たり前

その代わりに「お前も使うんだからお前も払え」と先輩方が遺してくれたのが、市の借金、市債残高です。資産があればその分負債があるのは当たり前。親子二代で住む二世帯住宅を、親子二代でローンを組むのと同じです。私たちは先輩方がつくってくれたこの便利で住みよい街で暮らすために、その費用を後世にわたり負担していく必要があります。問題は、借金の残高ではなく、毎年の返済が本当に払えるのか、ということになります。

では、私たちはこれから少子高齢化や人口減少などさまざまな環境変化の中で、この借金を払っていくことができるのでしょうか。ここでは福岡市で私が実際に行ったシミュレーションを例に、自治体の財政がどのように変化し、どのような将来見通しになるかをみていきましょう。

資産
社会資本の投資額
借金＝

7　自治体財政これからどうなる？

■今後10年間の収支見通しを試算

２０１２年（平成24年）に福岡市の財政調整課長に着任したときに私に与えられた最大の命題は、財政健全化のための新たなプランをつくることでした。

今後の中期的な財政見通しを立て、そこで予測される財源不足や支出の増加に対して有効な手立てを講じ、自治体を安定的に経営していくための計画を策定するため、私はまず、収入と支出のそれぞれについて、過去の傾向や現在の状況を分析し、今後10年間の見通しを推計することにしました。

ここからは、福岡市が２０１３年度（平成25年度）に策定・公表した「行財政改革プラン」の中で、当時どのような将来推計を行ったのかをみていくことにします。

■大きく伸びない一般財源

図７では、２０１３年度（平成25年度）からさかのぼって過去10年間の一般財源の推移をみると、４千億円前後で横ばいであることがわかります。

税収はリーマンショック時に落ち込み、近年は増加傾向にありますが、全体として一般財源があまり増減しないのは、地方交付税という仕組みがあるからです。

図7　一般財源の推移（～H23：決算、H24：最終予算、H25：当初予算）

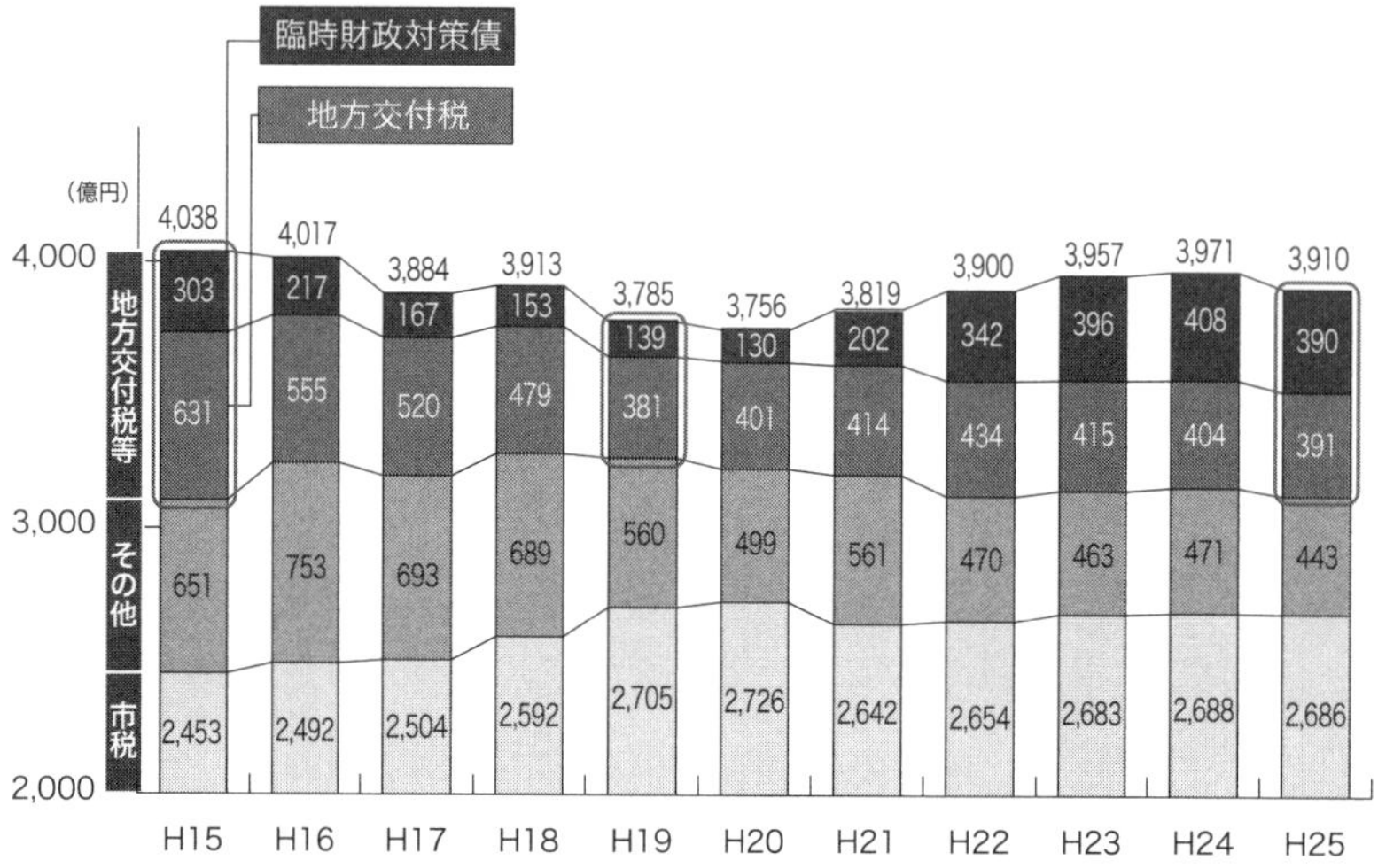

図8　一般財源の見通し（H25：当初予算、H26～：推計値）

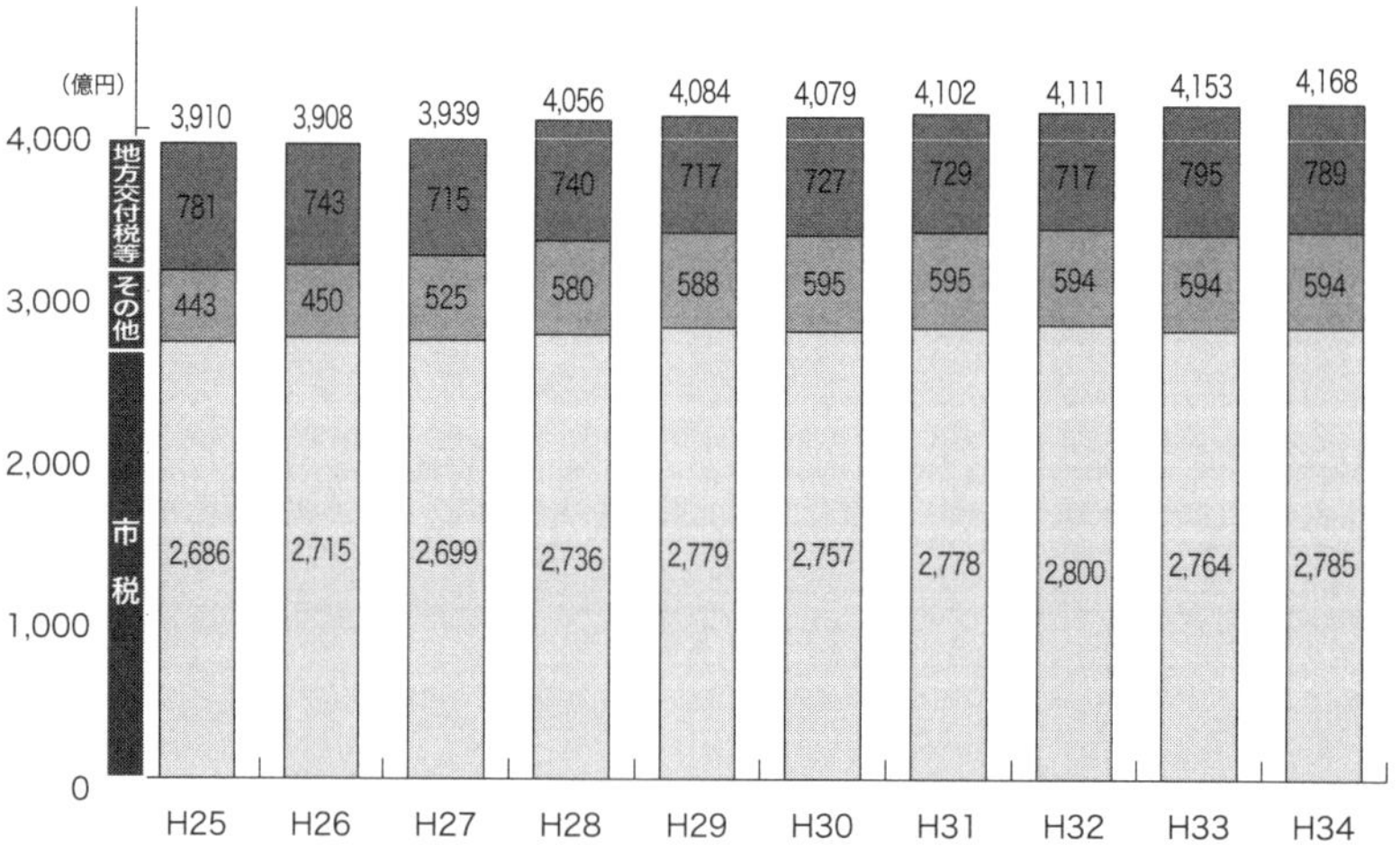

前提：GDPについては、以下の伸びを想定（「経済財政の長中期試算」（慎重シナリオ）（H24.8.31内閣府発表）。
※［GDP伸び］H24：1.9%、H25：1.9%、H26：2.6%、H27：1.8%、H28：2.2%、H29：1.5%、H30以降：0.0%（伸びを見込まず）

消費税率の引上げの影響として、「その他」のうち地方消費税交付金の増のほか、地方交付税算定上の影響も見込んでいる。

地方交付税は、税収の少ない自治体でも一定の水準の行政運営が可能となるように、また景気変動等で急激に税収が落ち込んだ場合でも安定的に行政運営が行えるよう、国が国税として集めた税金を自治体に再配分する仕組みです。この仕組みのおかげで自治体の一般財源は常に一定の水準を保つことができているのですが、逆に大きく伸びることもないのです。

このため、財政健全化プランを策定する過程で試算した一般財源の推計においても、福岡市の場合、2013年度（平成25年度）からの10年で、消費税増税による増収の影響を含めても数%程度しか伸びないと見込んでいました（図8）。

8 支出は増える一方

■手放しでは喜べない人口増加

では、支出が将来どのようになるのか、義務的経費を中心にまず、大きな伸びが見込まれる扶助費から見ていきましょう。

福岡市の人口は今も増え続けています。当時の推計でも今後20年は増え続けると見込まれていましたし、実際に今も毎年1万5千人のペースで増え続けています。日本全体が人口減少局面にあるなかで人口が増えているというのは幸せな状況という見方もありますが、実は増加するのは主に65歳以上の老年人口という試算となっています（図9）。

図9　福岡市の将来人口推計

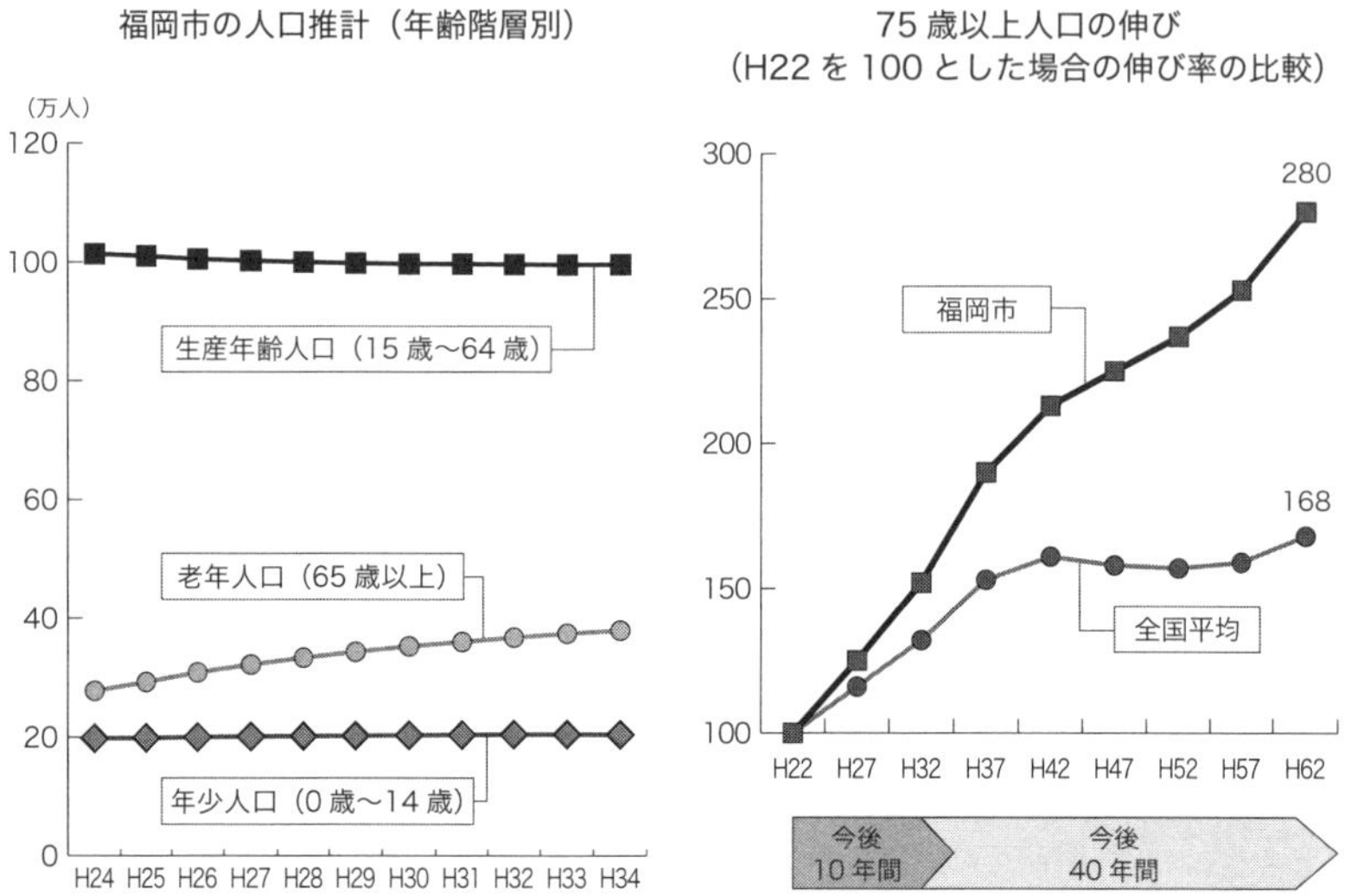

図10　医療・介護保険への繰出金の見通し（一般財源ベース・経常的な費用のみ）

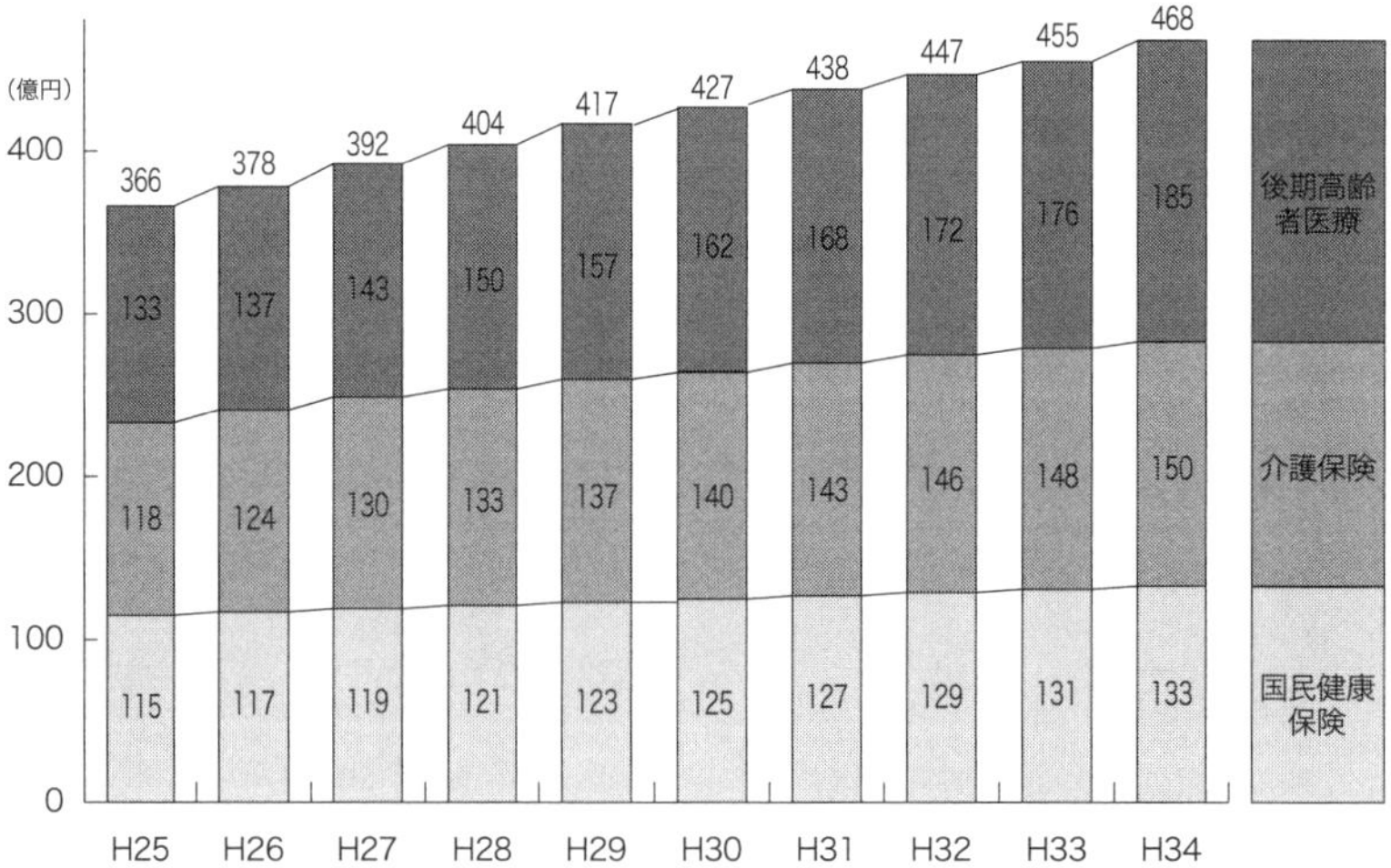

※歳出の性質区分における繰出金

老年人口の増加は、医療・介護にかかる費用の増加を招きます。国民健康保険や介護保険、後期高齢者医療など、医療や介護にかかる特別会計への負担は２０１３年度（平成25年度）からの10年間で約１００億円、30％もの増加を見込むこととなりました（図10）。

■急速に伸び続ける「扶助費」

増えるのはお年寄りだけではありません。

図11に示しているのは扶助費の大半を占める福祉サービス「生活保護」「保育所」「障がい福祉」の利用者の推移です。

「生活保護」の受給者は２００８年（平成20年）のリーマンショック以降急激に伸びました。「仕事がない」という理由での受給が増えたのが原因ですが、近年、景気回復によりこのような理由での保護受給者の伸びは頭打ちとなっています。一方、近年では年金等の収入が不足し生活に困窮する高齢者の生活保護世帯が増えています。高齢者の生活保護が増えれば医療や介護に要する保護費も増えることになり、財政負担はいっそう重くなります。

また「保育所」については、都市部を中心に全国的な問題となっています。福岡市でも近年保育所不足による待機児童の発生は大きな問題となっており、毎年１千人から２千人規模で民間保育所を整備していますが、整備すればするほど呼び込み効果で保育所に子供を預けたいという需要が喚起され、保育所入所

図11　福祉サービスの利用者数の推移

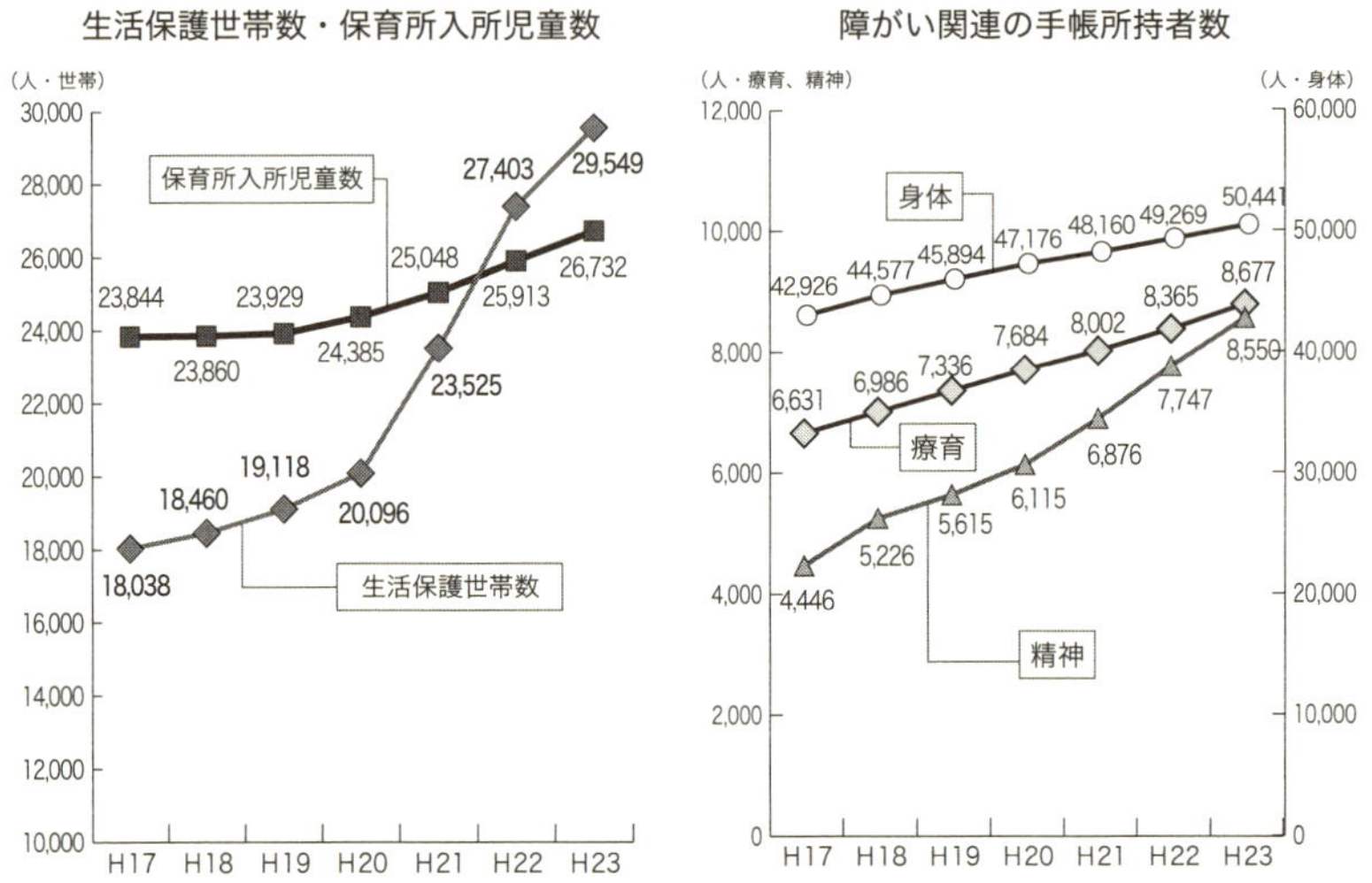

図12　扶助費の見通し（一般財源ベース・経常的な費用のみ）

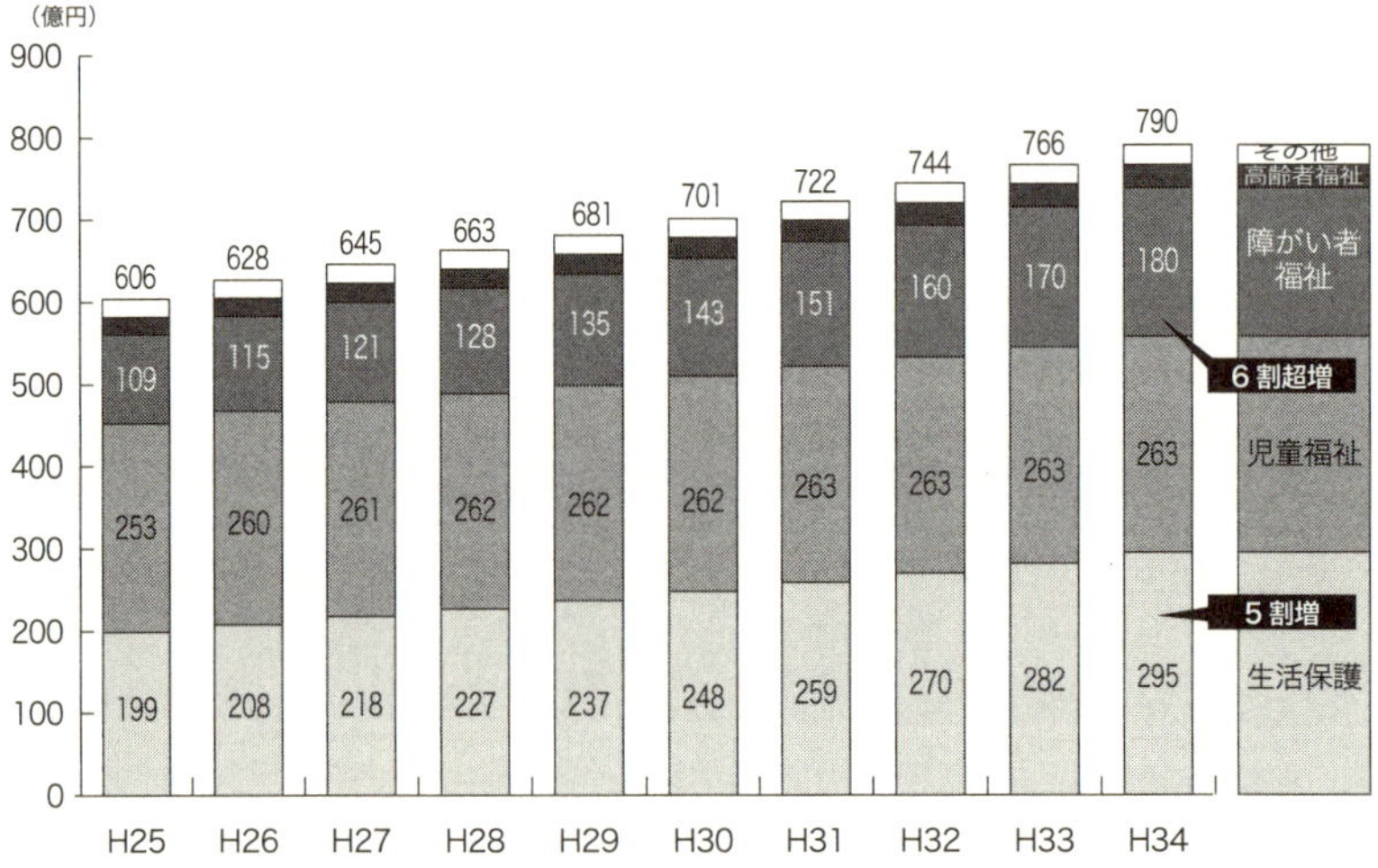

児童は年々増え続けています。

障がい者も年々増えています。また近年では障がい者の生活を公的に支援するサービスの提供機会が増え、その公的支援にかかる費用が年々増加しています。

これらの福祉サービスの利用者増加により、扶助費は著しく増加し、２０１３年度（平成25年度）からの10年間で約１８０億円、30％もの増加を見込むこととなりました（図12）。

■高止まりが続く「公債費」

借金の返済にあたる公債費はどうでしょうか（図13）。

一時期に比べれば近年は毎年新たに借り入れる金額を減らしていますが、毎年返済する金額はここ数年毎年1千億円程度で高止まりしています。

なぜかというと、これは自治体の借金の多くが返済

図13　市債発行額と公債費の推移（一般会計）

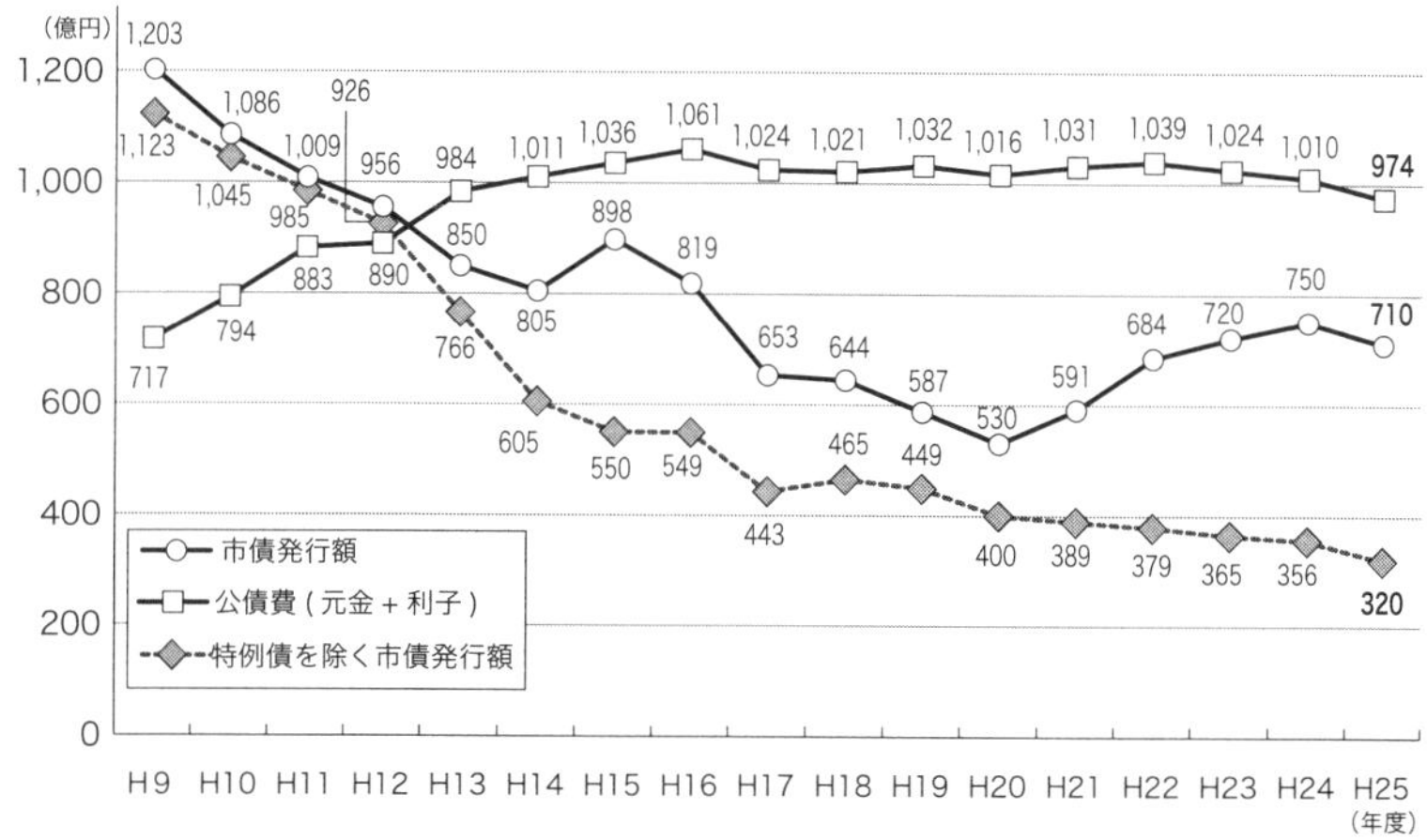

期間30年という長期間にわたるため、借り入れの金額を減らしても直ちに翌年度以降の返済額が減るというわけではないということです。

先ほど福岡市のこれまでの借金のグラフでみたように、1993年（平成5年）ごろから2004年（平成16年）ごろまでに大量に発行した市債の償還が終わるのは2034年以降です。それまでは公債費は1千億円程度で高止まりすることになります。

■これ以上減らすことが難しい「人件費」

義務的経費の三つ目、人件費については、自治体によって状況はさまざまです。削減の余地があるかどうかも事情は異なりますが、福岡市の場合にはすでにスリム化が達成され、これ以上削減の余地がないのではないかと考えています（図14）。

政令指定都市の平均では人口1万人あたりの職員

図14　職員数及び人件費等の比率

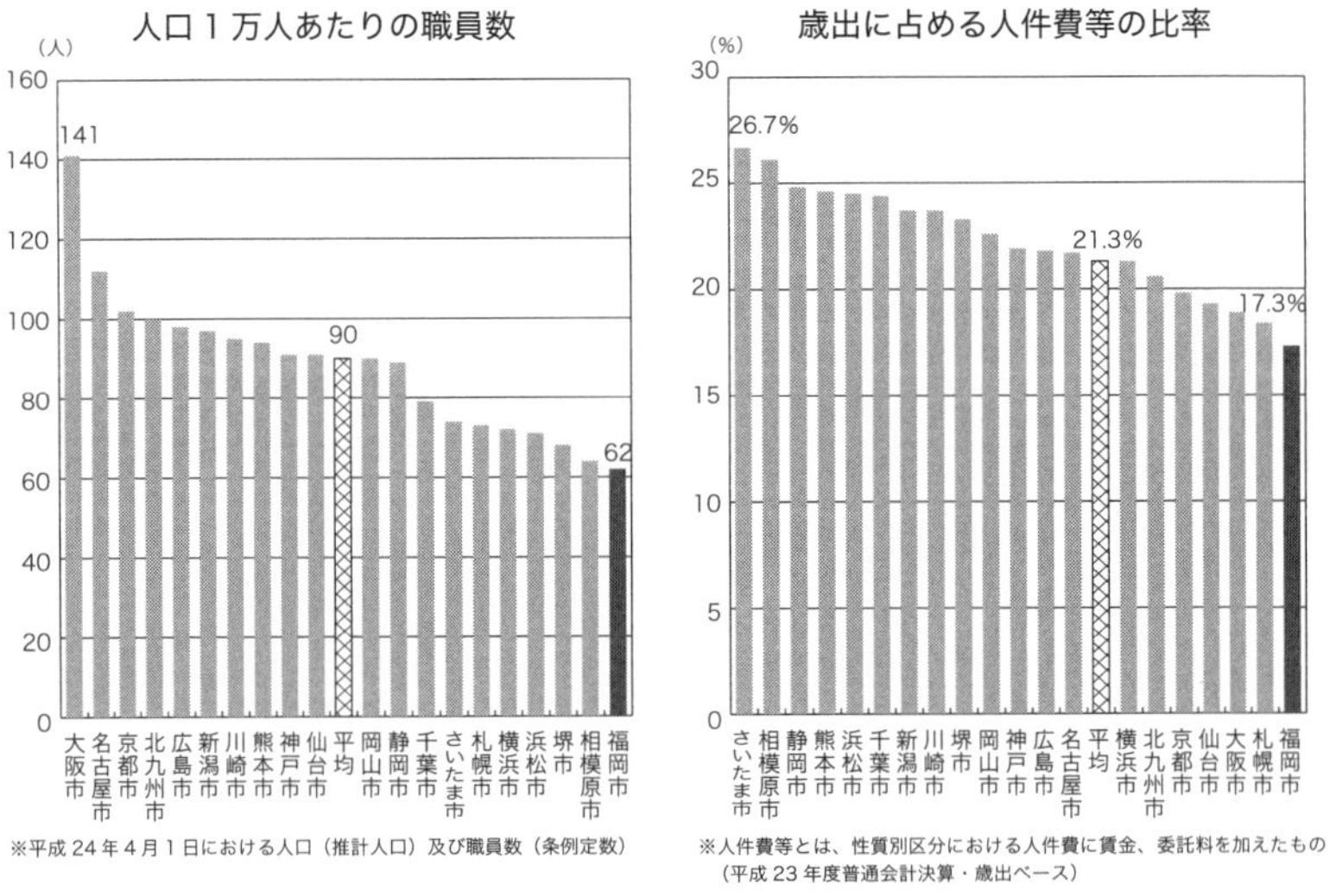

※平成24年4月1日における人口（推計人口）及び職員数（条例定数）

※人件費等とは、性質別区分における人件費に賃金、委託料を加えたもの
（平成23年度普通会計決算・歳出ベース）

数は90人程度ですが、福岡市は60人程度です。これは、例えば民間への委託が進んでいることなど、都市によって事情が異なりますが、近年では人口が増えていることで分母が増えていることも大きな要因です。

人口が増えれば必要な住民サービスの総量も増えますが、財政負担をこれ以上増やさないためには職員をいたずらに増やすことはできません。結果的に職員一人あたりの負担が増えていくということであり、このような状況で、コスト削減のために職員人件費に切り込んでいく、というのはなかなか難しいと考えています。

9　迫りくる第四の義務的経費

■これから負担が増える公共施設の維持管理

ここまで「扶助費」「公債費」「人件費」の順に義務的経費の将来見通しを確認してきましたが、このほかに自治体の将来に大きな負担となってくるのが「公共施設」です。先ほど福岡市の借金の状況をご説明した際に、先輩たちがたくさんつくって遺してくれた立派な社会資本、公共施設のことをお話ししましたが、そのたくさんの公共施設が今後自治体の財政に影を落とすことになります。

図15は、福岡市が持つ公共建築物の床面積の合計の推移を表しています。昭和40年代から50年代にかけて、市営住宅や学校などの公共建築物をたくさん建設しました。それから30〜40年が経過し、大規模な改修や建て替えが必要な時期が到来していますが、当時のような右肩上がりの経済成長が見込めないなかで

図15　市有建築物整備の推移

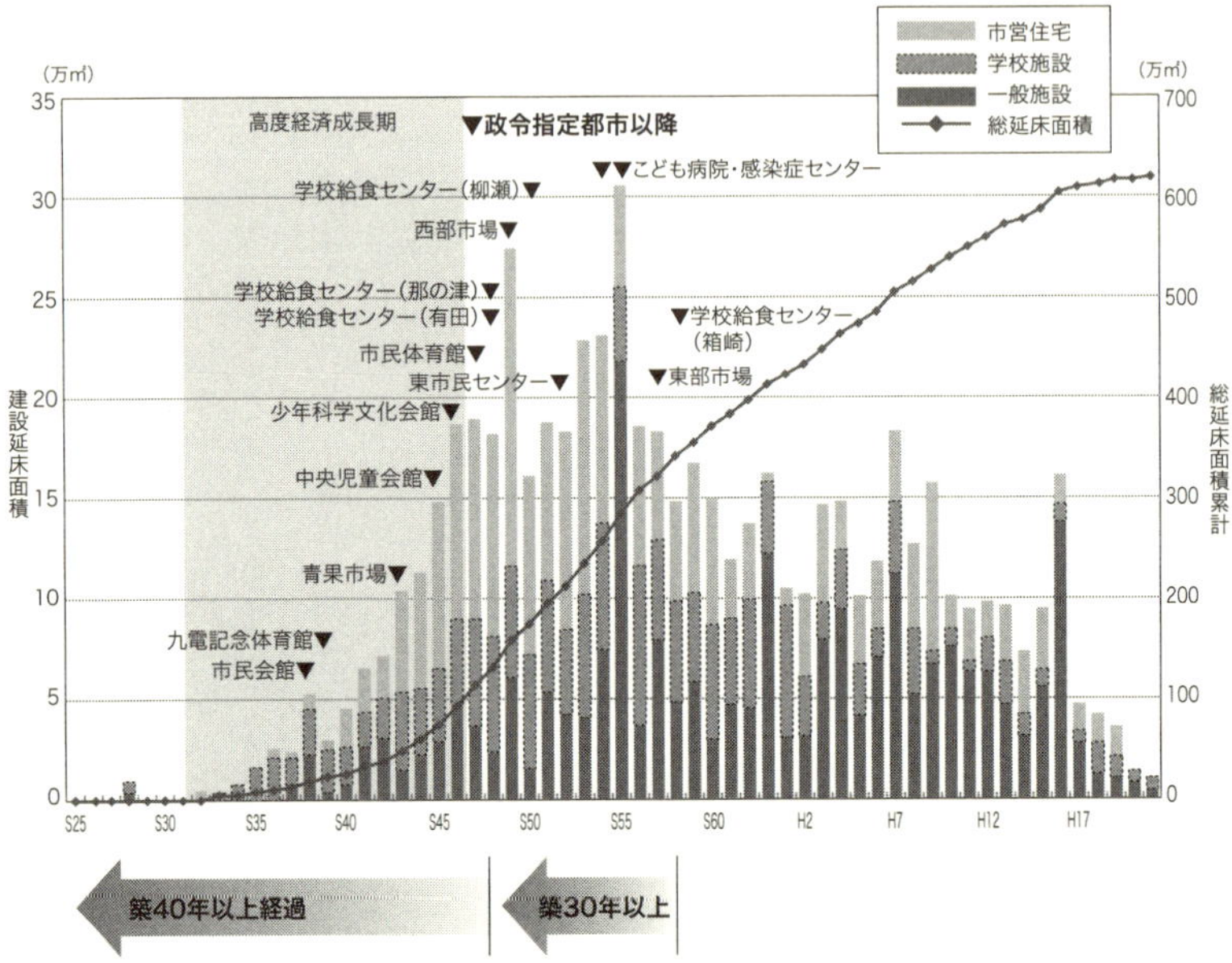

図16　アセットマネジメントに必要な一般財源

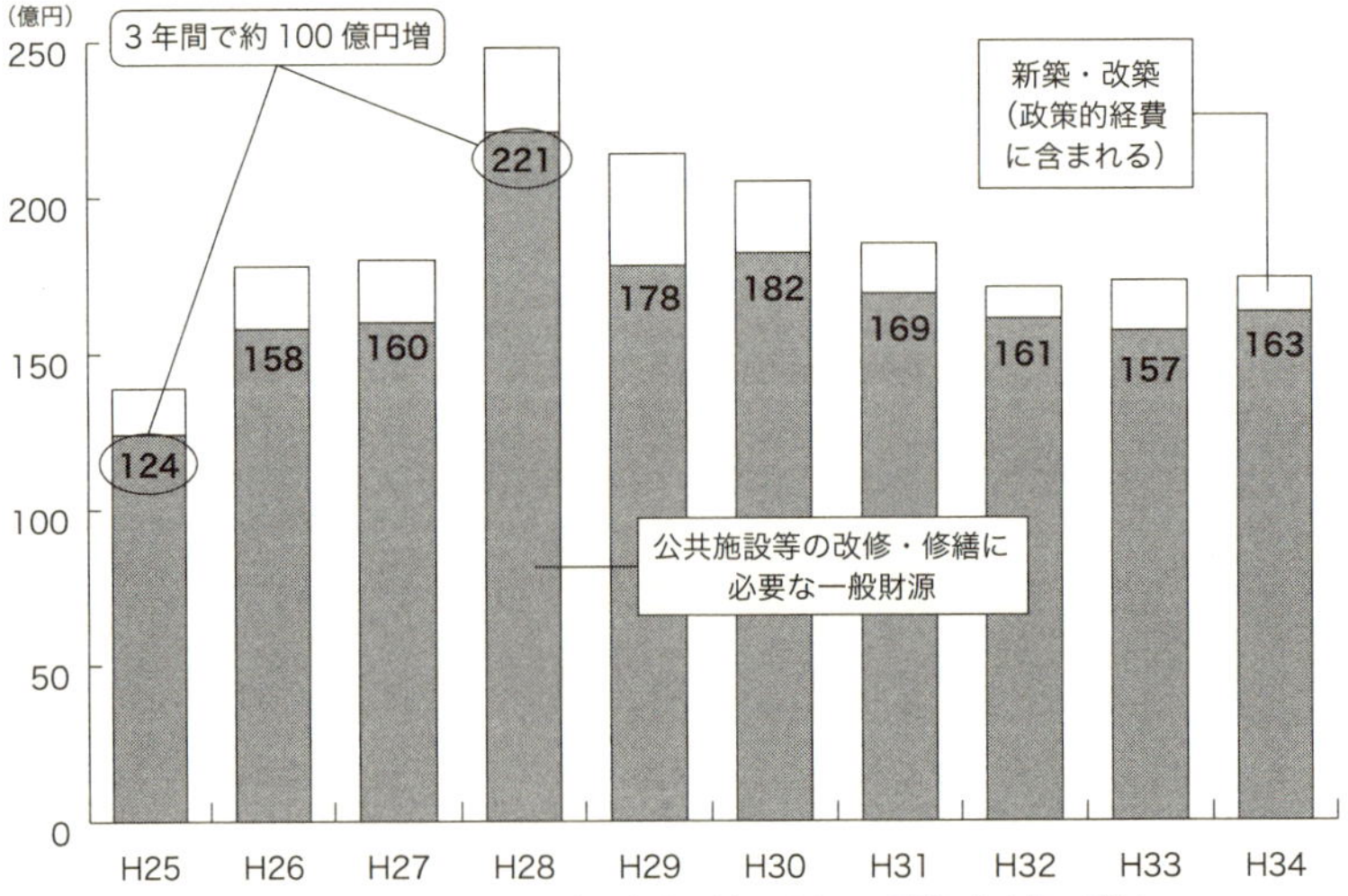

※アセットマネジメント実行計画の改訂（25年度予定）にあわせ、試算した今後の見通し

これだけの量の公共建築物を同じペースで大規模修繕し、建て替えていくことは財政負担の規模も大きく現実的ではありません。

■計画修繕による長寿命化が必要だが

そこで、福岡市では公共施設のアセットマネジメントに力を入れています。計画的に修繕し、壊れる前に予防的な対応を図るアセットマネジメントで施設の長寿命化を図る実行計画を策定しました（図16）。

この計画では計画初年度の2013年（平成25年）からたった3年で現在の公共施設の維持修繕予算よりも100億円も金額の上乗せが必要との試算となり、これは結局実現できませんでした。

限られた予算の中では、より緊急性の高い、安全性を確保すべき施設の老朽化対策を進めるしかなく、十分に安全対策が図られているか、将来の負担を抑える長寿命化が図られているか、心もとない状況となっています。

10　自治体の「お金がない」とはどういうことか

■伸びない一般財源、増え続ける経常的経費

今まで見てきた将来推計を一つのグラフにまとめたものが図17です。

自治体が自由に使い道を決めることができる「一般財源」は4千億円を若干上回る程度で大きな伸びは見

込めません。一方で支出に要する一般財源では、「人件費」「公債費」は高止まり、「扶助費」「医療・介護への繰出金」はそれぞれ10年間で30%も増加する見込みです。そのほか「経常的経費」や「公共施設の老朽化への対応」を加えると、「政策的経費」に充てることができる一般財源がどんどん少なくなっていくのがよくわかります。

■「政策的経費」と「経常的経費」

「政策的経費」とは、その名のとおり「政策を推進するための経費」です。ある社会課題があり、それを解決するために自治体の予算を投じる場合、この経費を「政策的経費」と呼びます。

これに対し、すでに政策決定されたものを

図17　一般財源総額と経常的経費の見通し（現行制度・推移を前提とした姿）

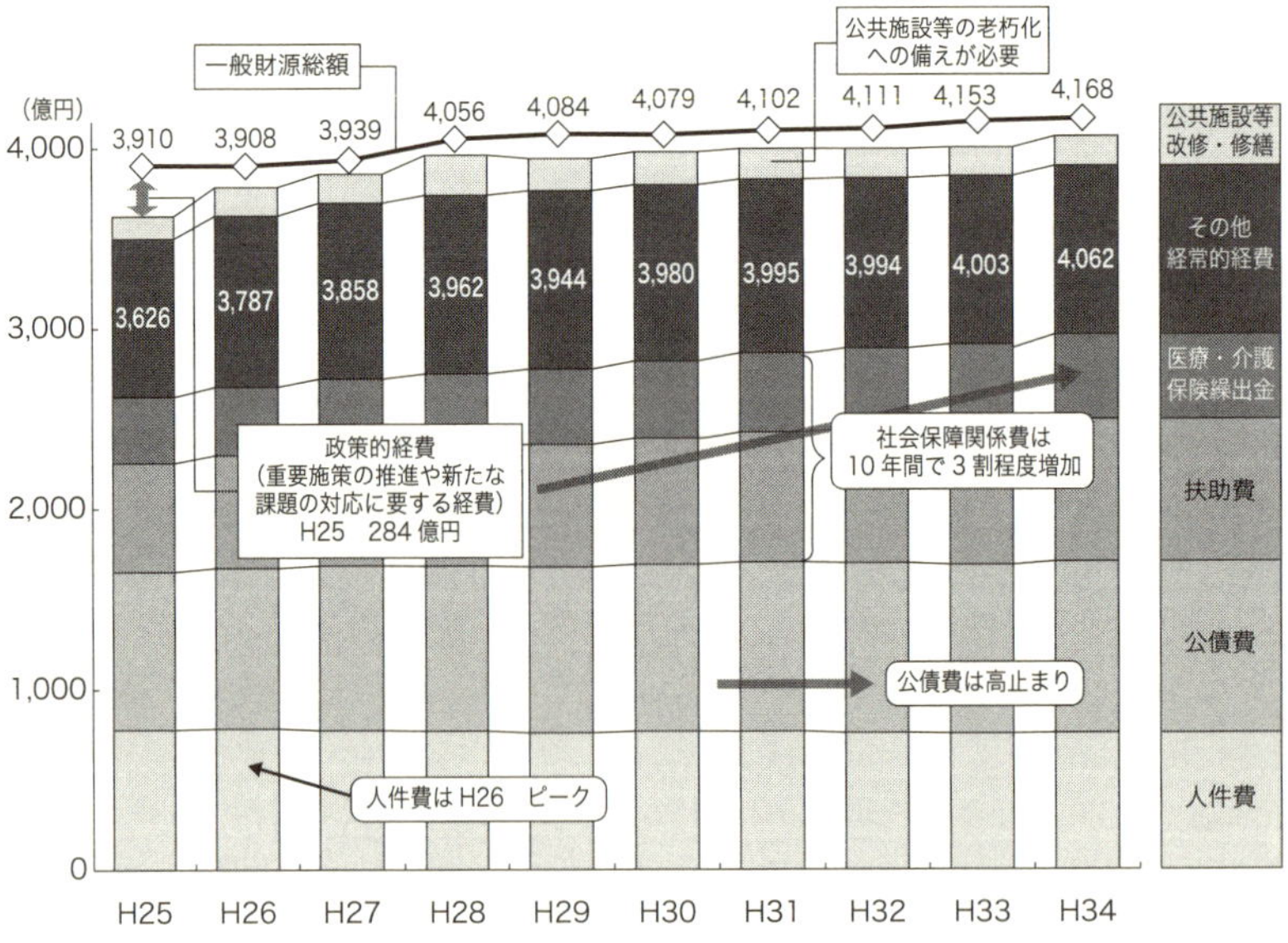

継続していくための経費を「経常的経費」と呼びます。例えば「待機児童」という社会問題を解決するために保育所の整備をする場合、この整備費は「政策的経費」で、保育所が整備され、これを運営していく経費は「経常的経費」となります。

経常的経費は「公債費」「扶助費」「人件費」といった義務的経費だけでなく、例えば施設の光熱水費や警備・清掃等の管理経費、毎年開催しているイベントやお祭りにかかる経費、各種団体に定例的に支払われる補助金など、その種類は多岐にわたります。

■「お金がない」のは新たな政策に投資する資金

「経常的経費」とは、過去の政策決定のランニングコストです。一度やると決めた政策決定を覆し、やめると判断しなければずっと同じようにかかり続ける経費です。図17を見てわかるように、４千億円もの自由に使えるお金がありながら、そのほとんどが「経常的経費」に充てられ、新たな政策を推進する「政策的経費」には10％も充当されていません。

その「政策的経費」に充当できる一般財源がどんどん減っていく。新たな政策への投資ができなくなる。これが自治体の「お金がない」ということの正体なのです。

のびない
公債費
扶助費
人件費
+
公共施設の維持管理
経常的経費
新しい政策を推進する
政策的経費 = お金がない!!!

11 新しいことに取り組む必要ってあるの？

■現在行っている施策事業は継続できるが

ここで一つの疑問が生じます。なぜ新たな政策に取り組む必要があるのでしょうか。図17から、将来の収支見通しを見れば過去の政策決定のランニングコストである「経常的経費」は、今後10年にわたって確保できることがわかります。つまり、現在行っている施策事業については継続できる財源があるということなのです。

では、なぜ新たな政策に取り組まなければならないのか。今やっている施策事業をそのまま継続できるのであればそれで十分ではないのか。そのように感じる方も多いのではないでしょうか。

■マスタープランの目指すもの

すでに、自治体は新たな政策に取り組むことを市民の皆さんと約束しています。あなたのまちにも市民と約束している計画があるはずです。10年後、20年後のまちの未来を市民の皆さんとともに語り、専門家、有識者などの意見も取り入れながら、わがまちの目指す姿を描き、議会の議決を経て市民の総意とされた未来の理想像、マスタープランです。総合計画、基本計画とも言います。

マスタープランには、「こんなことができたらいいな」という理想の姿が描かれています。その将来像は、

新しいことをやるために
今やっている
ことを見直す
マスタープラン
市民
ニーズの
変化
社会
環境の
変化
対応
OK!

市民の皆さんと一緒に考え、議会の議決を経て承認された、市民との約束です。そこに描かれた「今はまだできていないけど将来はできるようになりたい」という社会課題の解決に向けて何らかの予算を投じることは、市民との約束を果たすために必要な行為です。これが、自治体が新たな政策に取り組まなければならない最も大きな理由と私は考えています。

■今のままでよいかどうかは市民が決める

このほかにも、自治体が新しい政策に取り組む理由はさまざまあります。マスタープランに掲げられていなくても、社会環境や市民ニーズの変化に対応しプランの改定を待たずに緊急的に対応するようなもの、国や都道府県の進める施策の方針転換、首長や議会が掲げた公約の実現というかたちで新たな政策に取り組むケースもあります。

いずれにせよ、新たな政策の推進について市民の求めがあり、議会の承認を得たならば「今のままでよい」というわけにはいかなくなります。しかし、自治体には今、「新たな政策の実現」のための財源がない、という状況です。

12 市民と約束したバラ色の未来のためにやるべきこと

■収入を増やすか支出を減らすか

マスタープランに掲げた理想の将来像を実現するために必要な「政策的経費」に充てるお金がありません。さて皆さん、この問題をどう解決しますか。

図17を眺めながら考えてみましょう。一番上の折れ線グラフが自由に使い道を決められる一般財源。下から伸びている棒グラフが過去の政策決定のランニングコスト「経常的経費」。棒と折れ線の隙間が「政策的経費」です。「政策的経費」を確保するには、折れ線を上に持ち上げるか、棒を下げるか。すなわち、収入を増やして一般財源の総額を増やすか、支出を減らして経常的経費に充てている財源を減らすかしかありません。

■一般財源はすぐには増えない

ところが一般財源の総額については、自治体の努力だけではなかなか増やすことができません。先ほど述べたように自治体のほとんどは市町村税収等の増減にかかわらず安定的に財政運営ができるように国から地方交付税という一般財源を交付されています。景気変動等で税収が減ったときには一定の割合で補塡してもらえますが、逆に税収が増えればその補塡の額が減りますので、企業誘致や地域経済の振興など、

（再掲）図17　一般財源総額と経常的経費の見通し（現行制度・推移を前提とした姿）

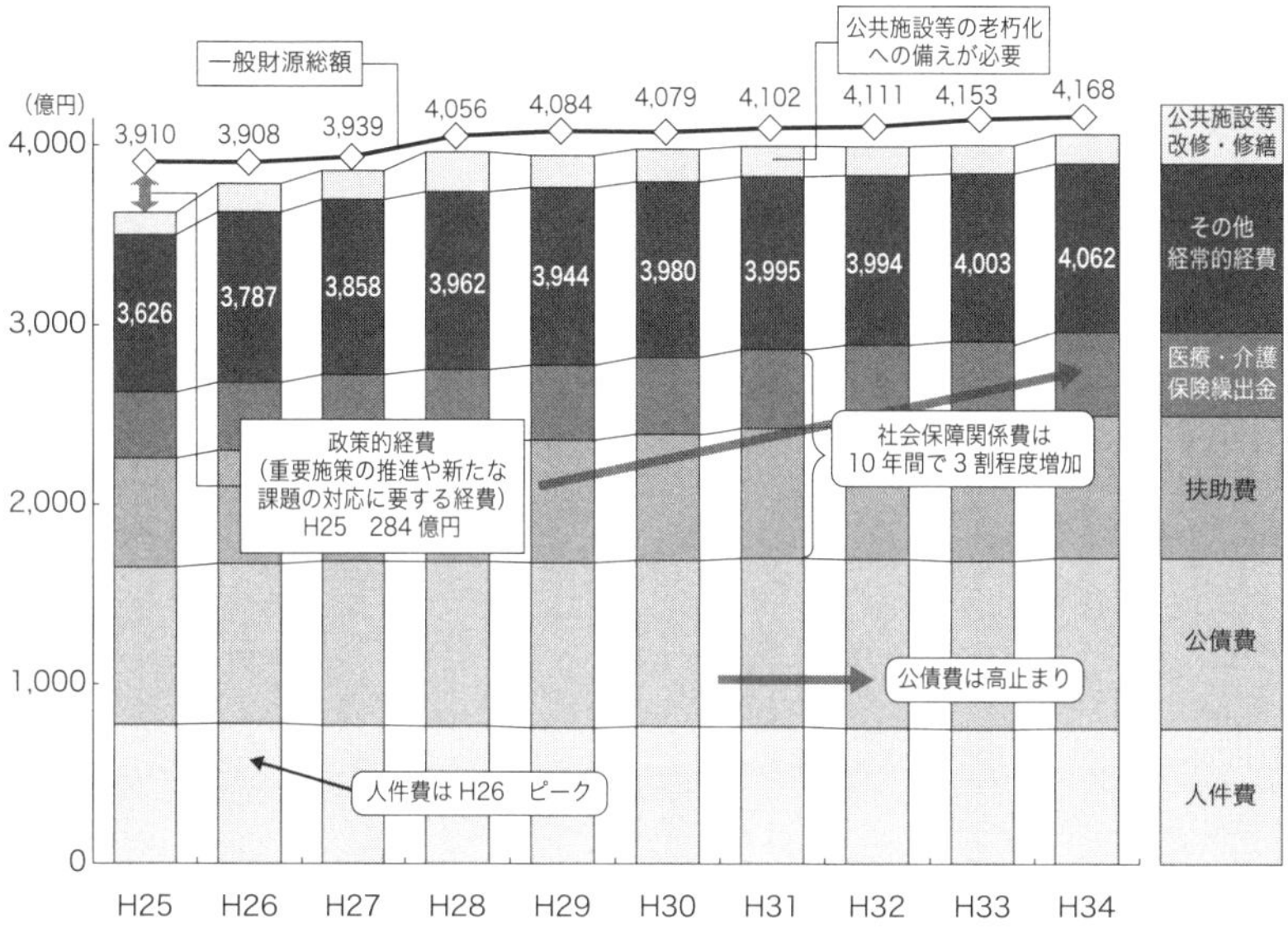

自治体の努力で税収を増やしたとしても、その増収額が全て新たな政策推進に充てる財源になるわけではない、という仕組みになっています。

■新たな政策と過去の政策のトレードオフ

とすれば、最も有効な手立ては経常的経費の削減、つまり「今やっていることを見直す」ことになります。経常的経費の多くは「公債費」「扶助費」「人件費」といった義務的経費で見直す余地がありませんが、義務的経費以外の経常的経費であれば、自治体の判断で「やめる」「縮小する」という政策決定を行えば、その経費に充てていた財源を新たな政策推進のための財源に充てることができます。

今までやっていたことを見直すことは市民にとって受け入れがたい選択肢になる場合もあり

ますが、その見直しは新たな政策推進のためです。10年先、20年先の未来のまちの姿を市民とともに描き、市民と約束したその理想の姿を実現することと引き換えに、過去の政策決定に基づきこれまで実施されてきた行政サービスを見直す、縮小する、廃止するということですから、「新たな政策決定」と「過去の政策決定」がトレードオフの関係になっていることを、市民も、また自治体職員も理解する必要があるのです。

では、「新しいことをやるために、今やっていることを見直す」というのは、具体的にはどのように取り組めばよいのでしょうか。

Part 3

限られた資源をどう使う？

―対話型自治体経営シミュレーションゲーム「SIM2030」を通して

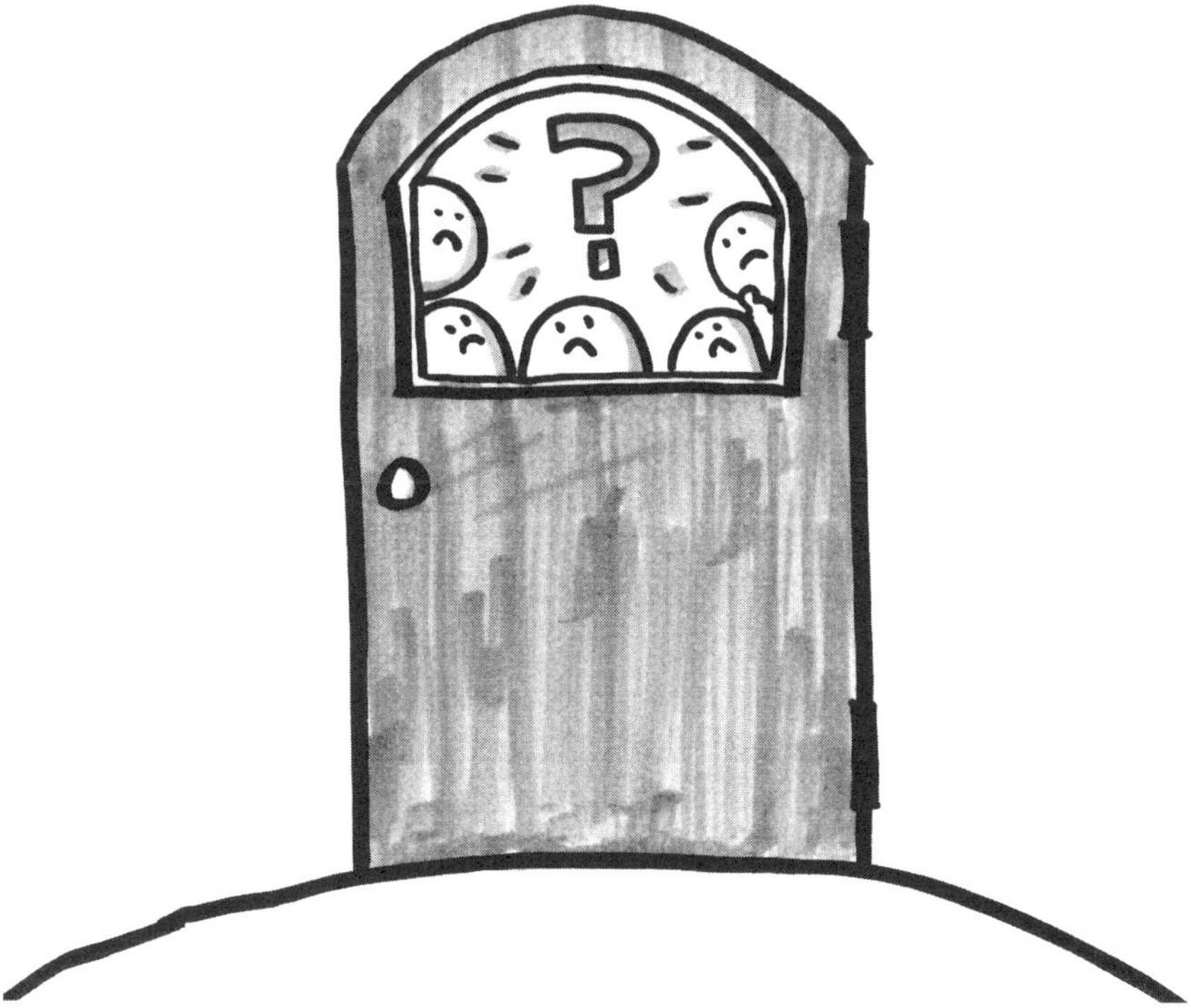

1　私と「SIM2030」との出会い

■Facebookで偶然耳にした「SIM2030」の産声

「高齢化により社会保障に必要な予算が増え続けるなか、何の予算を落とし、何の予算を残していくか。そして、残された予算・事業でいかに幸せな街を作っていくか。武器となるのは1個1億円のチロルチョコ予算（ミルク）と、1枚1億円の事業の手札カード、そしてチームの知識と知恵と協力と、あとは決断をくだす勇気。刻々と進み続ける時計を前に、悠長な議論は出来ず、容赦なく減り続ける手札カード。タイムアップしたら、チロルチョコ債券（きなこ）に手をつけねばならない。逃げる事はもう出来ない。」

これは、熊本県庁の自主活動グループ「くまもとSMILEネット」が開発した、自治体経営を体感できる対話型シミュレーションゲーム「SIM熊本2030」が産声を上げた2014年（平成26年）1月、その第1回体験会に参加した同県職員が、ゲーム直後の高揚感をそのままFacebookに投稿したコメントです。

「SIM2030」は、すでに始まっている近未来の「人口減少社会」と「超高齢化社会」の中で、決して逃れることのできない「税収減」と「社会保障費の増」という厳しい制約条件が課せられる自治体経営を、遊び感覚で体験できるシミュレーションゲームです。

このスグレモノに、ただならぬ魅力を感じた私は、すぐさま資料を取り寄せ、話を聞き、同年8月に長崎県諫早市で開催された体験会に参加、その圧倒的な有用性、潜在力の高さを感じさせられました。

■「財政出前講座 with SIMふくおか2030」の誕生

このとき、2012年（平成24年）8月から実施していた職員向けの「財政出前講座」で、私は大きな悩みを抱えていました。当時、財政出前講座では座学の講義形式で自治体財政の構造や現状、課題をわかりやすく説明し、そこから財政健全化の方策を導いていていましたが、「理屈はわかるけど、実際にどうやったらいいのかが今一つよくわからない」という感想が寄せられていたからです。そんなときに「SIM2030」に出会った私は、すぐさま直感しました。このゲームを活用すれば、私の出前講座の内容の理解が進むかもしれない、と。

私は、福岡市でも地元版の「SIM2030」をつくって普及させたいと考え、福岡市役所内で2014年（平成26年）年11月に「SIM熊本2030」のコピー版体験会を開催、翌2015年（平成27年）4月には、内容を地元版にアレンジし職員研修用に時間を短縮した「SIMふくおか20XX」を市の新規採用職員研修のプログラムとして実施しました。ちょうどそのタイミングで、宮崎県延岡市の仲間からSIM2030の体験会と私の出張財政出前講座の両方を体験したいという依頼を受け、そのタイムスケジュールを検討する際に、座学で行っている財政出前講座の途中に体験型ゲームの「SIM2030」を挟み込む、という現在のスタイルを考案しました。

そして、2015年（平成27年）9月に、地元・福岡市をモデルにした仮想都市「えふ市」を舞台にした「SIMふくおか2030」を完成させ、以後「財政出前講座 with SIMふくおか2030」というパッケージプログラムで全国を飛び回ることになるのです。

■一粒で二度おいしいパッケージプログラム

「SIM2030」は、今や全国で普及、進化、発展を遂げていますが、私なりにこだわり続けているのが、財政出前講座とのパッケージです。「SIM2030」はそれ単独でもゲームとしての完成度がきわめて高く、その汎用性、発展可能性も驚くほど広いので、全国各地でさまざまな方が自治体職員や市民、有志の勉強会等での学習ツールとして活用されています。私がそのような場に講師としてお招きにあずかることも多々ありますが、私は必ず財政出前講座とのセットでやらせてもらうことを条件にしています。それは、ゲームから得られる気づき、学びだけでなく、そもそも難解でとっつきにくい「財政」というテーマをわかりやすく体感できる有用なツールであり、ゲームだけではもったいないと考えているからです。

まず座学で、自治体の財政のイロハを学び、「どこにお金が使われているか」「これから先どうなるのか」「お金がないというのはどういう意味か」を情報として説明、知識として理解したうえで、このゲームに臨んでもらう。「新しいことをやるために、今やっていることを見直す」とはどういうことかを、ゲームで体感してもらい、そこで得た気づきをもとに、財政健全化とは何か、それはどのような取り組みで実現することができるか、を実際に体験してもらう。それが、私が全国にお届けしているパッケージプログラム「財政出前講座 with SIMふくおか2030」です。

■Part3でお話したいこと

Part1とPart2では財政出前講座の前半にあたる座学の部分をお話しました。実際の講座は、約1時間の座学で少々眠くなったところで休憩をはさみ、「SIM2030」を約2時間かけて体験するなかで、座学で学習した自治体財政の一番悩みの深い部分を体感してもらい、そこで得た気づきをゲーム終了後にまた1時間ほどかけて復習し、ゲームでの気づき、学びを体得していくというプログラム構成になっています。

本書では、ゲームの内容そのものには触れませんが、以下でゲーム終了後の振り返りで私がお話している、このゲームで得られるものと、その気づきを自治体経営にどう生かすか、についてお話していきたいと思います。

■ネタバレにならないように

ゲームを実際にやってみた方であればわかると思いますが、ゲームで与えられているシナリオや政策の選択肢となる事業カードの内容を事前に知ってしまう、いわゆる「ネタバレ」が起こるとゲームの魅力は半減してしまいます。このため、「ＳＩＭ２０３０」のゲームの内容の詳細については、ここでは差し控えさせていただくことをご了承ください。

ゲームの中で気がつくことについても、あまり事前に知ってしまうと、ゲームの中での体感が薄くなり、気づきや学びが浅くなる、という懸念がありますが、この本では「ＳＩＭ２０３０」の魅力や財政出前講座のプログラムの中に取り込んでいる意義について知っていただくために、あえてゲームで気づくことができるいくつかの事項について「ネタバレ」にならないギリギリのところで皆さんにお話したいと思います。

2 対話型自治体経営シミュレーションゲーム「SIM2030」

■「SIM2030」ってどんなゲーム？

「ＳＩＭ２０３０」は、とある仮想自治体を舞台に、２０３０年までの15年の間に5年ごとに起こるさまざまな課題に対し、6人で1つのチーム（仮想自治体の部長級職員）を組み、当該自治体のありたい姿を考え、制限時間の中で、チーム内での対話に基づく政策選択を行い、判断を積み重ねていく対話型シミュレーションゲームです。

各仮想自治体に配分されている予算が5年ごとに「税収減」と「社会保障費の増」にさらされ、これに加えて起こる社会的インパクトに対応する政策選択を行うなかで、あらかじめ手持ちカードとして配られた既存事業の廃止・縮小を判断していくという筋立てになっていて、その判断には6人の部長の対話に基づく合意形成が必要であり、その理由や廃止事業の代替方策についての説明責任も求められます。

そしてこの政策判断の積み重ねの結果、ゲームの終了する2030年に結果として出現する「私たちの未来」についても評価が下されるという、ゲームでありながら現実さながらの厳しい自治体経営を仮想体験できる設定となっています。

■与えられた役割を演じるロールプレイの妙

6人の部長はゲームの中での辞令交付により与えられる役割で仮想自治体の各政策分野を所管する責任者です。ゲーム参加者本人の希望や得意分野、現在の職業、役職等は考慮されません。また、ゲームが進行するなかでこの6人の合議によりさまざまな政策判断を行う必要がありますが、合意形成は必ず全員の対話によって行うこととされ、多数決や議長一任といった決定方法は認められていません。そして、現実の自治体経営のように首長に判断を仰ぐということもできません。

与えられるシナリオには、その仮想自治体が2030年までに直面する社会環境の変化により、自治体としてやるかやらないかの二者択一を迫る政策課題が与えられます。そしてその実施に当たって必要な財源は、ゲームの中で各部長に配布されている事業カードに記載された既存事業の廃止か、別途、赤字地方債を発行することによってしか捻出できないというルール。まさに「新しいことをやるために、今やっていることを見直す」という自治体経営を体感することになるのです。

体験
社会的インパクト
税収
社会保障費
増
知識
新しいことをするために今やっていることを見直す
政策判断
財政出前講座 with SIMふくおか2030

６人の部長たちの下した政策決定は「議会」によって審査され、その合理性や妥当性について議会に対して説明責任を果たす義務が課せられます。「議会」は、その政策決定についての質疑を行うなかで十分な説明責任が果たされていないと判断すればその決定を覆す権利を持っており、ゲームの緊張感は現実の議会さながら。まだ管理職として議会で答弁に立ったことのない若い職員も、ゲームの中では担当部長になりきり、必死になって議会の追及をかわすさまはなかなか見ごたえがあります。

■「ＳＩＭ熊本２０３０」の誕生

このゲームは、熊本県庁職員の自主活動グループ「くまもとＳＭＩＬＥネット」によって、２０１３年(平成25年）８月に制作が開始されました。

開発チームの中心となった和田大志さんによると、開発の狙いは、迫り来る２０２５年問題、２０３０年問題をいかに「自分ごと」としてリアルに考えることができるか、ということ。開発メンバーの１人から「２０２５年問題というのがあって、その頃に団塊の世代が一斉に後期高齢者に突入する。社会保障費の問題は当然ながら、それ以外にも地域コミュニティ機能の維持なども問題が出てくるのでは？」という投げかけがあったのがきっかけでした。

ただし、それを県庁内や市町村職員と話し合うときに、そのまま問いかけても参加者に響くだろうか、これからを担う若い世代が参加しやすい仕組みとは何だろうか、そうしたことを考えるなかで、「ゲームフィケーション（＝ゲーム化する）」という概念に出会い、自分たちが慣れ親しんだゲームに落とし込むことで、気軽に参加でき、工夫しながら考えを深めることができる、何より、ゲームの中だけでも「当事者」として実体験することで、現実の世界でも、より身近な問題としてとらえることができる、と考えたのだそうです。

「ＳＩＭ熊本２０３０」は、昼休みや勤務終了後に会議室に何度も集まり、試行錯誤を繰り返しながら、約５か月間で開発、２０１４年（平成26年）１月、熊本県職員及び県内市町村職員を対象とした第１回体験会が実施されました。

■広がる「ＳＩＭ２０３０」ファンの輪

「ＳＩＭ熊本２０３０」が他の自治体から脚光を浴びるに至ったのは、２０１４年（平成26年）８月の「第３回九州まちづくりオフサイトミーティング（九州ＯＭ）交流カフェｉｎ Ｋｕｍａｍｏｔｏ」での体験会でした。九州ＯＭとは、九州を愛する人財（九州内の自治体職員中心だが民間人、学生、九州外の人財を含む。）のゆるやかなネットワークで、２０１３年（平成25年）11月から九州内の各都市で、交流会を開催しています。その交流会の熊本開催に合わせ、九州各県から参加した他の自治体職員がこのゲームを初めて体験したことで、爆発的な広がりを見せることとなりました。

ゲームを一度体験した者がそのノウハウを持ち帰り、その体験者の司会進行のもとで体験会が行われる場合に限って、ゲームに関するデータ一式が無償で提供されることから、九州ＯＭ交流カフェ参加者が、各自の組織に持ち帰って開催されるケースが増え、早速、2014年（平成26年）8月には長崎県諫早市で「SIM諫早2030」が開催されました。

私はこの諫早でこのゲームを体験することができ、先の熊本及びこの諫早での体験会に参加した福岡市のメンバーの協力を得て福岡での体験会を開催し、先の述べたような経緯を経て2015年（平成27年度）9月に「SIMふくおか2030」を開発、2017年（平成29年）8月に全面リニューアルを行い現在に至っています。

この「SIM2030」ファンの輪は全国に広がり、2017年（平成29年）7月末時点では26都道府県で開催、ご当地バージョンにカスタマイズされたシナリオは23種類（熊本のオリジナル版除く。）、そして、今なお、パンデミックを続けています。こうした全国的な広がりを評価され、「SIM熊本2030」から始まる一連の取り組みは、第12回マニフェスト大賞（2017年（平成29年）11月）において、最優秀コミュニケーション戦略賞を受賞しました。

■「SIM2030」をやってみてわかる三つのこと

このゲームを財政出前講座の中で体験された方々は、必ず「楽しかった」「またやりたい」という反応と合わせて「普段使わない頭をフル回転させて疲れた」「難しかった」「もう少し時間があれば」という感想を口にします。この思うようにできなかった感覚こそが、このゲームを通じて得られる最大の学びでしょう。私を含め、多くの方々がこのゲームの虜になっている理由は、実際に自治体経営を行ううえで直面する重要な、かつ困難な三つの要素が、このゲームで体験できることにあると考えています。

3「選択」は難しい

■「選択と集中」の体感

このゲームをやってみて難しいことの第一は「選択」。

「ＳＩＭ２０３０」の秀逸なところは、限られた資源を配分して政策を実現する「選択」を肌で体感できるところです。

この「限られた資源」という前提条件は、財政の仕事をしている者にとっては当たり前のことですが、多くの自治体職員や市民、県民、国民には忘れられがちで、予算編成や政策立案の過程でついつい「これは別枠でお願いしたい」「要るものは要る」という主張が当たり前のように繰り返されます。

ゲームでは、強制的に配分資源が目減りしていくなかで確実に取捨選択の判断を迫られるというルールが厳然と迫り来ることにより、「ない袖は振れない」という現実の財政運営の厳しさを体感することができます。我々財政を本業としている者が常日頃感じている「選択と集中」の難しさを「共感」してもらえるという意味で、財政運営の基本的認識を組織として共有することができる、財政のプロ垂涎のツールだとほれぼれしています。

■「選択」の基準はどこにある

ゲームの中で「選択」を難しくしているのは、その選択を行うために全体を貫く判断基準がゲームの与条件として明確に示されていないことにあります。

ゲームが開始され、シナリオを読み、「新しいことをやるために今やっていることを見直す」という条件設定は理解できても、シナリオの中で提示されている「新しいこと」をやるべきかどうか、やるとしてもその財源を生み出すために、どの事業を廃止すべきか。一つひとつの事業の是非は論じることができても、6人の部長たちが共有できる、全体を通して事業の優先順位を判断できる基準は示されていないので、対話の中で互いの腹を探り合い、6人の価値観をそろえていく作業に時間がかかります。なかなか意見が合わず、制限時間の中でとりあえず場当り的に説明がつきやすそうな結論を出すようなこともゲームの中では起こりがちですが、現実の世界ではそれはご法度です。

では、実際に我々自治体職員が政策選択の際に拠って立つ基準はなんでしょうか。マスタープラン、総合計画、基本計画から各分野の部門別計画に至るまで、我々の周りには計画と名のつくものが山のようにあります。あるいは、首長の選挙公約、マニフェスト、年度ごとに予算編成時に示される予算編成方針など、施策事業の優先順位づけのもととなる、全体の方針はその都度いろいろな形で規定されています。

我々はそれをきちんと知っていて、それを基準に判断しているでしょうか。それは、我々の間で、あるいは市民との間できちんと共有されているでしょうか。

4 「説明」は難しい

■試される「説明責任」

難しいことの二つ目は「説明」です。

このゲームでは「政策判断に対する対外的な説明責任」が求められ、チーム外の評価者から十分な説明責任が果たされていないと判断されればペナルティが課せられるルールとなっていて、我々が自治体経営で直面する厳しさが体感できる非常に面白い仕掛けになっています。限られた時間の中で判断を求められ、「ゲームだから」と判断の根拠をなおざりにすればゲームの進行をより困難にするペナルティが課せられ、その累積が限度を超えると、ゲームオーバー（財政破綻）となってしまうのです。

自治体職員の仕事は「市民が収めた税金と市民から信託された行政権限を行使して市民福祉を向上させること」であり、与えられた行政課題に結論を出すにあたっては、常に我々に税と権限を信託した「市民」にとって、その結論がどう受け止められるか、どうすれば市民に納得、共感を持ってもらえるか、を考えて議論を尽くし、最善の結論を導くことが必要です。

しかしながら我々は、内部の関係者で議論を進めるなかでつい「外から見たらどう見えるか」という視点を忘れがちです。現実に、その視点が欠落していたがゆえにある具体的な政策の推進が暗礁に乗り上げるケースもないわけではなく、そのような現実の厳しさを体感し、「痛い目」にあってみることができるというのもゲームならではの面白さではないかと思います。

■なぜ「説明」が難しいのか

このゲームでは、事業の廃止について議会に説明することが難しかったという感想を持つ方がたくさんおられます。では、なぜ事業の廃止について「説明」すべきことがうまく説明できないのでしょうか。

我々自治体職員は予算獲得のために新たな事業の必要性を説くときには雄弁ですが、既存の事業の廃止縮小については説明が下手です。これは行政特有の行動心理で、「行政の判断は常に正しくあるべき」という固定観念によって過去に決定したことを覆すことへ抵抗感を抱いてしまうことに起因しています。

このゲームでは、シナリオや事業カードに書かれていないことは自分たちで設定することができるようになっていますが、ゲームが進むにつれ、そのルールを悪用する輩が現れます。「この事業はもう当初の目的を達成しました」「これまでの取り組みで課題が解決しました」。そういう外部要因を自ら定義し、事業の廃止を説明することはこのゲームのルール上は可能ですが、現実に我々が生きている世界では外部環境を自分で設定することはできません。

このゲームでの体験を通じて私たちは、事業の廃止について「説明」するには「市民と共有できる客観的な根拠」が必要であることを学びます。過去に「必要」と判断したことについて、「必要でない」と判断を改め、実際にサービス提供を受けている市民にそのことを説明することは並大抵ではありませんが、施策事業の必要性についてあらかじめ客観的に測定できる一定の要件を定義し、その要件が変化すれば事業そのものの必要性が変化するということを市民と共有しておけば、その要件の指標を測定することでこれまでの判断を改めることも可能だということではないでしょうか。

5　「対話」は難しい

■納得を導くのは「対話」

先に述べた「選択と集中」と「説明責任」は、我々自治体職員の世界では曲りなりにも意識され、そのような行動をとることが望ましいとされています。

しかし、我々が一番苦手で、現実の自治体職員の世界ではほとんど行われていないこと、それが「対話」です。ゲームでは、資源配分を「参加者全員の対話」で決めていくプロセスを基本とし、施策の取捨選択は、各施策部門の長（部長級）で構成される経営会議で決定されます。誰か一人に決定権限があるわけではなく、全員で話し合って取捨選択を決定していくということは、現実の予算編成の現場ではなかなかありません。しかし、この「あるべき理想の姿」をゲームで体験することでみえてくるものがあるのではないでしょうか。

■行政職員は「対話」が苦手

縦割り分業体制で仕事をすることに慣れきっている我々自治体職員は、全体最適という言葉は知っていても、その最適解を全員参加で導くことが不得手です。ややもすれば、自らの所管する部門のみの利益を主張するか、あるいは全体を判断できる別の部門や上位組織に判断をゆだねようとしますが、このゲームでは、声の大きい者の主張が通るわけでもなく、互いの部門のことだけを主張しあっても時間切れになるだけです。判断の責任を市長や官房部門に丸投げすることも、誰も傷つかない落としどころを探って玉虫色の決着や判断の先送りを図ることもできません。

限られた時間と限られた情報だけで、全員参加の対話で結論を得るというのは、相当な意思疎通能力、すなわち「語る力」と「聴く力」が必要になり、普段そういう場に居合わせない自治体職員にとっては恰好の訓練の場になっていて、このことを感じ取ってもらうことが、私が財政出前講座の中で「ＳＩＭ２０３０」をやる一番重要な意義だと考えています。

■「対話」に必要なのは「情報共有」

実際に仕事場ではなかなか実行できていない「対話」ですが、このゲームは「対話」ができないと政策選択の判断ができず、ゲームオーバーになってしまいます。このため、制限時間の中でいろんな壁にぶち当たりながら、ゲーム参加者は「対話」ができるようになっていくのが、ゲームを外側から眺めていていつも感じる、喜びの瞬間です。

「対話」が苦手な自治体職員がゲームの中で「対話」ができるようになるのは、「対話」に必要な三つのことができるようになっていくからです。

一つ目は「情報共有」。ゲームの冒頭に各部長に配られる事業カードは、新たな政策を選択する際に必要な財源を捻出するために各部長が見直すことができる各部長の所管事業です。この事業カードをそれぞれの部長がどのくらい速やかに情報共有できるかで「対話」のスタート地点に立てるかが決まるのですが、普段から情報共有することに慣れていないと、自分の所管事業の情報は自分で独り占め、という姿勢でゲームに臨む方もちらほら見受けられます。それでは全体像が互いに把握できないので、全体での判断なんてできっこないですよね。

■「立場」を越えることで「対立」を越える

「対話」を行ううえで大事な二つ目のことは、「立場を越える」ことです。私はこのゲームが終わったあとでいつも参加者に尋ねます。

「このゲームが始まったときに与えられた役職を最後まで演じきった人はいますか？」

この質問に対して、ほぼ全員が手を挙げません。最初は自分の所管する事業を守りたい、自分の所管している政策を推進したいと考えていた参加者たちは、ゲームが進むにつれてその与えられた役割を忘れ、あたかも6人全てが市長であるかのように、立場を越えて互いの所管する事業の必要性や廃止・存続すべき根拠について語り始めます。

いったん自分の置かれた立場から離れ、俯瞰的に物事を眺め、全体像を把握したうえで個々の施策事業についての議論に入る。そんなことが現実の世界で行われたならば、我々の予算要求・査定の現場でも、あるいは行政と市民、市民同士がある施策事業の是非をめぐって意見が割れている場合でも、ゲームで実際にできたように、対立を対話で乗り越えることができるのではないでしょうか。

6　未来は現在の積み重ね

■残ったカードが意味するもの

このゲームを通じてわかる、「対話」に必要なことの三つ目は何でしょうか。

「ＳＩＭ２０３０」では、２０３０年までの間に5年に一度のペースで起こる社会的インパクトへの政策判断が求められ、複数回の政策選択を終えたところでゲームが終了します。複数のチームでゲームを行えば、当然、グループごとに5年ごとの施策選択の判断が異なるため、最初に配られた施策事業のカードは同じでも、ゲーム終了後に手元に残るカードは異なります。

ここで手元に残っているカードこそが、２０３０年までの間に複数回の政策判断を行った末にたどり着いた「私たちの未来」の姿ですが、それは住民にとって最善の結論になっているでしょうか。ゲーム開始時にそれぞれのグループで思い描いていた理想の未来になっているでしょうか。

ゲームでは、ここで「私たちの未来」に対する評価が下されます。その詳細はここでは詳しくは書きませんが、ゲームをやった者として身につまされるのは、小さな判断の積み重ねの結果が「私たちの未来」を形づくっているという当たり前の事実がゲームをやっている間はあまり強く認識できず、制限時間内に「とりあえず」の判断をしてしまいがちだということ。実際に私は、このゲームの5年ごとに起こる社会的インパクトへの対応をそれぞれのステージでの制限時間内に判断する、というルールによって、各段階での判断が近視眼的、個別的になりがちだということを体感しました。

しかし、現実の政策選択がそうであってはいけません。

■一番大事なのは「ビジョン」の共有――いいまちになりましたか?

「対話」が成立するために必要なことの三つ目は、「ビジョン」の共有です。

多少ネタバレになりますが、「ＳＩＭ２０３０」で参加者の皆さんに一番感じてほしいのは「ビジョン」を共有することの大切さだと私は考えています。

ゲーム開始後、新たな政策課題を解決するために既存事業を見直す作業に明け暮れるなかで、個々の事業の廃止理由にどれだけ説得力を持たせることができるか、という議論に終始しがちですが、その中で必ず欠落するのが「まちの未来をどんな風にしたいのか」というビジョンの共有です。どのカードがいらないかを議論するあまり、どのカードを残すかという議論に至らない、というのはこのゲームに仕掛けられた最大の罠なのです。私はゲーム終了時に皆さんに尋ねます。

「2030年になりました！　いいまちになりましたか？」

皆さんからは満足げな表情で「いいまちになったと思います」との答えが返ってきます。私は質問を続けます。

「その〝いいまち〟って最初から目指していたまちの姿ですか？」

■それは最初から目指していたまちですか

参加者のほとんどは二の句が継げません。自分たちの手元に残っている、廃止を免れたカードを眺めながら「割といいまちなんじゃないの？」と後付で感覚的に答えているにすぎません。あるいは、残ったカードを眺めながら、自分たちのまちの2030年の姿を評価しながら「最初からどういうまちを目指すか、議論しておけばよかった」という声も聞こえてきます。

このゲームでは、残ったカードがまちの未来です。何を削るかではなく、何を未来に残すか、そのための基本的な考え方や価値観を最初に6人で共有しておけば、場当たり的な判断ではなく一貫した方針でまちづくりができた。そんな後悔は現実のまちづくりでは許されません。

限られた資源を有効に配分し、事業の取捨選択をしていくうえで最も大事なのは、個々の事業の必要性や金額の妥当性よりもまず、我々のまちはどのようなまちを目指すのか、という「ビジョン」の共有が第一。そこで共有されたビジョンを実現するために必要なもの、優先順位が高いものを残していく、続けていく、というのが、ゲームではできなかった正しいまちづくりの順序だ、ということに、参加者の皆さんに気付いていただいていることを大変うれしく思っています。

■「未来からの視点」を忘れずに　ビジョンが必ず備えていなければならないもの

最近、この「ビジョンの共有」の話をするときに付け加えているのが「未来からの視点」という言葉です。これは、ビジョンが大事だという話をさんざんした後に付け加えて「ビジョンが必ず備えていなければならないもの」というお題で話しています。

ここでいうまちづくりの「ビジョン」とは、将来像、つまり未来において実現される姿を描いたもの、ということになりますが、私たちはそれが実現する未来に、どんなことが起こっているか想像できているでしょうか。

２０１７年（平成29年）にシナリオや事業カードを全面刷新しリニューアルした「ＳＩＭふくおか

２０３０」には、少しとがった未来像が盛り込まれています。技術革新や社会環境の変化で、今はまだ社会課題になっていないことが深刻な課題になる、あるいは今は課題解決の選択肢になっていない技術や社会環境が課題解決の鍵になる。そんな発想を持てるかどうかをわざと試すようなシナリオにしています。これは「未来からの視点」の必要性に気づくことができるかを問いかけるために我々が仕掛けた「ＳＩＭふくおか２０３０」ならではのオリジナルの罠なのですが、面白いくらいに皆さん引っかかってくださいます。

■素晴らしい未来を残してくれてありがとう

「ビジョン」は、実現される未来においてそこに生きる人たちがその価値を感じて評価できるものでなければいけません。10年先、20年先の市民から「なぜこんな時代遅れの陳腐なビジョンを掲げたのか」と言われないために、「未来を見据えたビジョンを目指してくれたおかげで、こんなに素晴らしいまちになりました。ありがとうございます」と後世の市民から感謝されるように、現代を生きている我々の経験則から培われた価値観だけで将来像を描くのではなく、そのビジョンが実現される未来からの視点を以て、まちの未来の姿を描くことが重要だと私は力説しています。

未来を体感できるシミュレーションゲームだからこそ、こういう視点を盛り込んだアレンジができるのが「ＳＩＭ２０３０」の面白いところです。

■「SIM2030」と総合計画

我々自治体職員は、予算決算が単年度主義であることや、頻繁な人事異動で長期にわたって同一業務に従事することが少ないことなどから、中長期にわたった施策事業の成果やその評価を意識することがあまりありません。また、自分の属する部門での課題解決を業務とするため、自治体が行う複数の施策事業によって全体としてどのように変化し、それがパッケージとしてどのように市民から評価されるかということを知る機会があまりないのが現状です。

このことが原因で、短期的、個別的に「とりあえず」の判断をしていないでしょうか。我々は、個々の判断を行ううえで、中期的な見通し、まちづくり全体のビジョンを踏まえ、全体最適となる判断を適切に行っているでしょうか。あるいは、逆説的な言い方になりますが、個別的、短期的判断を行ううえで、その判断のベースとなり、適切な指針となりうる中長期的な見通し、まちづくり全体のビジョンが、総合計画等できちんと定められ、市民と、あるいは職員同士で、共通の判断基準として共有できているでしょうか。

そのような自問自答の機会を得られるという意味において、このゲームは実に奥が深く、ゲームを通じて自分自身の自治体職員としての未熟さを改めて感じている方々も数多くおられるように感じています。

7 「SIM2030」はどこへ行く

■「SIM2030」の発展可能性

「SIM2030」には、開発者の意図として、多くの人が気軽に参加することができるゲームとして来るべき深刻な未来を疑似体験することで、自分たちの未来を「自分ごと」としてとらえ、どのように対処していくべきかを考えるきっかけを与えたい、という思いが込められています。

私が「SIM2030」の虜になっているのは、開発者のこの思いが込められた、ゲームが持つさまざまな発展可能性にあると考えています。

■自治体職員研修素材としての「SIM2030」

先ほど述べたとおり、「SIM2030」は、自治体経営の難しさをゲームで疑似的に体験できる優れたツールです。どの会場でも参加者の口をついて出るのは「財政の難しさがわかった」という意見ばかり。財政の仕事に実際に従事しなければなかなか体感することができないことを短時間のゲームで疑似体験することを通じて、自治体職員が備えるべきさまざまな能力開発に活用できることから、職員研修の素材として極めて汎用性が高く、有用であると評価されており、全国各地の自治体で職員研修のプログラムとして活用され始めています。

出張財政出前講座が始まった２０１５年（平成27年）ごろは、課外活動としての自主研究グループからの依頼が多かった私の出講も、今や自治体職員を対象とする公的な研修に位置づけていただくことが増え、これまでに、茨城県笠間市、千葉県茂原市、滋賀県高島市、福岡県苅田町などでの職員研修や、大阪府、岡山県、島根県での市町村職員を対象とした合同研修などにこのプログラムを提供させていただいています。また、私以外にも、このゲームの魅力に取り憑かれた多くのＳＩＭファンたちの手により、全国各地で自治体職員の研修素材として活用され始めています。

■他の自治体職員との「ＳＩＭ２０３０」

オリジナル版の「ＳＩＭ熊本２０３０」は、熊本県内にある実在の市をモデルとした人口規模、産業構造や都市構造の設定となっており、施策事業の選択やそこで起こる社会的インパクトも、そのモデル都市での政策選択にふさわしいものが条件として与えられています。

私は福岡市の職員として福岡市役所でしか勤務したことがないため、ゲームとはいえ人口規模や産業構造の異なる自治体での政策選択を疑似体験できたことは非常に良い体験でした。このようにバックボーンの異なる他の自治体職員と同じグループでこのゲームを行うことで、自治体職員という立場が同じでも異なる価値観や論理に触れることができ、対話を通じてその違いや互いの長所短所を認め合うことができるという側面もあることから、今後、自治体間の相互理解や交流を深めるツールとしても活用できると考えています。

また、福岡市をモデルとした仮想都市「えふ市」を舞台とする「ＳＩＭふくおか２０３０」では、取捨選択する事業のカードは基本的には福岡市で現実に予算措置されている事業をもとに設定しています。これを福岡以外の場所に持っていくと、これらの事業に対する評価が我々福岡で生活している者とは異なるといったことも新鮮な驚きでした。

自らの自治体をモデルとした初期設定を行い、他の自治体職員等にゲームに参加してもらうことで、自らの自治体の施策事業に対して外部の目を入れるという効果も期待できることから、今後、自治体職員等の交流イベント等で、自分が属していない自治体の経営を疑似体験することによる相互理解や相互評価のツールとしての活用も面白い使い道だと思います。

■市民との「ＳＩＭ２０３０」

当初は自治体職員向けに開発された「ＳＩＭ２０３０」ですが、熊本県で２０１４年（平成26年）11月に市民大学「マチナカレッジ」の一つの講座として実施されたのを皮切りに、全国で市民向けの学習ツールとしての活用が進んでいます。

市民との「ＳＩＭ２０３０」では、

① 限られた資源を配分する財政運営がいかに厳しいものであるかを、自治体職員だけでなく一般の市

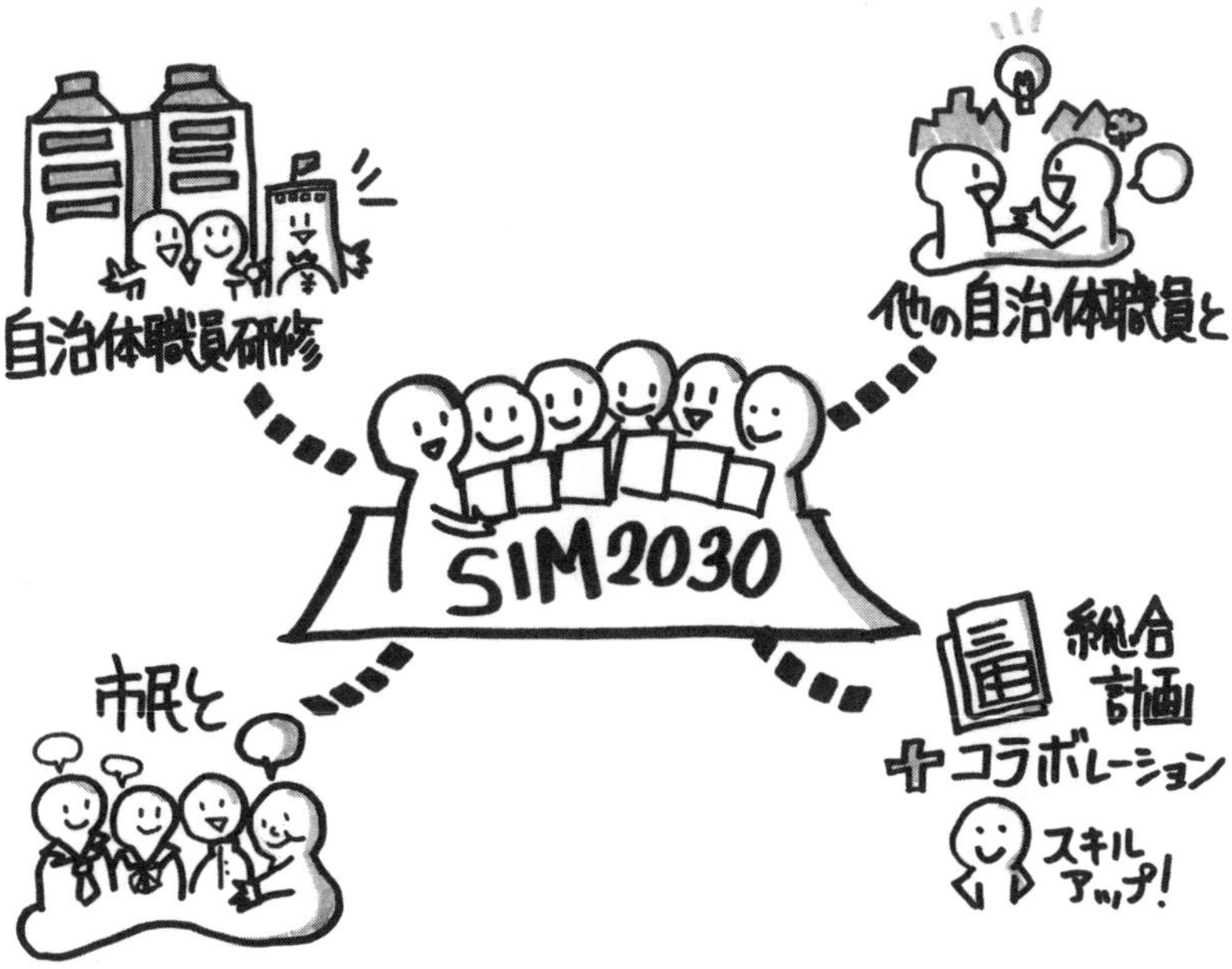
自治体職員研修
他の自治体職員と
SIM2030
市民と
総合計画
＋コラボレーション
スキルアップ！

民とも共有する

② 自治体職員も市民の価値観・考えに触れることができる

③ 市民同士でこのゲームを体験することで、互いの利害を対話で調和していくことを実体験していただく

という効果が期待できます。

十分にその効果を発揮するためには、自治体職員同士で行うことを前提に開発された「ＳＩＭ２０３０」を、行政の組織や施策事業の知識が十分でない一般市民向けに、よりシンプルな形でカスタマイズすることが必要になってきます。

すでに中学生や高校生が参加するための「ＳＩＭ２０３０」が作成され始めており、市民参加のまちづくりにおいて、実際にプログラムとしての活用が始まっています。市民、行政職員の垣根を越えて、互いが理解し合い、協働、対話しながらまちづくりのビジョンを共有し、政策の立案や取捨選択を行うことができるようになることが時代の要請であり、その準備のためのツールとして、今後ますます「ＳＩＭ２０３０」の活用が見込まれ、その方向での改善が進んでいくものと思っています。

■他のプログラムとのコラボレーション

「ＳＩＭ２０３０」は、単独でも学びや気づきが多く含まれる非常に有用なゲームですが、他のプログ

ラムとの併用による相乗効果も十分に期待できる、とても使い勝手のいい優れたゲームです。

私は、このゲームを財政出前講座と組み合わせることで、自治体財政の基本的な認識や財政健全化の必要性とその推進手法について学び、具体的な政策選択のツールを使った疑似体験を行うことで、体感した気づきや学びを深化させ、自治体の財政に関する理解を座学と演習の両面から促進しています。

このように、財政に関する基礎的な知識を提供する講座や、総合計画などまちづくりの将来像についての情報共有を単に座学で行うだけでなく、「ＳＩＭ２０３０」と併せて実施することにより、疑似体験を通じた行政実務研修の充実を図ることが期待できます。

あるいは「ＳＩＭ２０３０」が対話型シミュレーションゲームであることに着目し、たとえ対話スキルを磨く研修の一環として一部を取り入れるという方法もあるでしょう。知識や情報、スキルを入手する研修プログラムにグループワークとして取り入れることで、「ＳＩＭ２０３０」の持つ人材育成、スキルアップの側面がさらに際立つのではないでしょうか。

8　ご当地ＳＩＭ２０３０をつくりたい方へ

■「ＳＩＭ２０３０」をつくりたい！

通常の財政出前講座では時間の都合でお話できていませんが、この本では特別に「ＳＩＭ２０３０」をつくりたいという方のために少しお話しておきたいと思います。

「ＳＩＭ２０３０」というゲームは非常によくできていて、一度体験すると病み付きになるという中毒性を持っています。中毒の症状は「またやってみたい」という軽度なものがだんだんと「誰かにやらせてみたい」と症状が重くなり、最後には「自分のまちを舞台にしたご当地版のゲームをつくってみたい」というように段階を踏んで重症化していく傾向にあり、すでに全国各地にこの最終段階に達してしまったツワモノどもがたくさん現れてきています。私もその道に入り早４年。今では全国各地でこのＳＩＭ２０３０パンデミックに加担しているわけですが、全国で開催している「出張財政出前講座 ｗｉｔｈ ＳＩＭふくおか２０３０」の会場でも、ご当地版の作成についての問い合わせをたくさん受けています。

仲間が増えることはとてもうれしいですし、このゲームを通じてさまざまな立場の多くの方々がいろいろな気づきと学びを得ていただけるのであればこんなにうれしいことはありません。ご当地版をつくりたいという方々には積極的に協力していますが、その際には、このゲームを愛する者としてこれだけは気をつけてほしいということを申し添えるようにしています。

なお、「ＳＩＭ２０３０」のデータがほしいという方には、ゲームを体験した方のみに、その方が普及拡大のために自己利用する場合に限って認めています。これは、オリジナルの「ＳＩＭ熊本２０３０」のデータ提供を受ける際にそのような申し送りがありましたので、私も同じようにしています。当然、私から受け取ったデータを第三者に渡す場合も同様です。

■誰のための「SIM2030」？

「SIM2030」をアレンジしてご当地版をつくるうえでは、誰にそれを体験してもらって、何を感じてもらいたいのかが明確でないと、つくっている途中にいろんなブレが生じます。このため、最初の段階で「誰のためにつくるのか」ということをよく考えないといけません。

自分の属する自治体職員の研修素材なのか、それとも一般市民が参加するまちづくりワークショップのコンテンツなのか、また、自分のまちの中だけで実施するのか、外部の方にも体験していただくのか、社会人がやるのか、学生がやるのかなど、誰がゲームをやる前提か、で事業の難易度設定やゲームの中で与える情報の質・量は変わります。簡単すぎず、難しすぎず、楽しみながら少し脳みそに負荷を与えながらいい気づきを与えることができる絶妙の塩梅を実現するためには、最終的に誰がこのゲームをやって、どういうことに気づいてほしいのか、のゴール設定が必須です。ゲーム終了時に何に気づいてもらうのかというゴール設定やゲームそのものの難易度をどのレベルに置くかなど、対象となる参加者層をあらかじめ設定しておかないと、ゲームの詳細を詰めていく際に必ずブレや迷いが生じ、でき上がったゲームが正しく参加者に届かないということが起こりますのでご注意ください。

■何のための「SIM2030」？

また、何のためにこのゲームを行うのかについても焦点を絞ることが重要です。「SIM2030」をゲームとして体験してもらうことには、大きく三つの目的があり、その目的ごとにゲームのつくり方やその前後のプログラムで力を置くところが変わってきます。

まず考えられる最初の目的は「厳しい自治体財政状況の体感」です。

人口減少と社会保障費増のダブルパンチで収入が減る一方で支出はかさむ。そんななかで新たな政策を選択し、それと引き換えに既存の事業を見直していく。このゲームの基礎的な部分で体感するのは、自治体経営を実際に経験した者にしかわからない苦渋の選択と、それを利害関係者に説明することの困難さです。この目的を達成するためには、自治体財政の構造、状況、将来見通しについて事前にレクチャーを行ったうえで、ゲームのルールやシナリオの難易度設定において選択や説明の困難性にポイントを置く必要があります。

次にゲームのゴールとして設定できる目的は「対話で結論を導く手法の体得」。

正解のないゲームの選択をその日たまたま同じグループになった参加者同士の対話だけで導くことを通じて、現実には体験することがなかなかない「対話での問題解決」を体験することで、対立を対話で乗り越えることができることを知り、普段なぜ対話ができていないか、どうすれば対話ができるようになるのか、を学ぶことになります。この場合、対話に必要な情報共有や立場を越えることの難しさ、ビジョンをあらかじめ共有することの大切さ、などについてゲームの後で参加者自らが気づけるようにプログラムを組む必要があります。

■実際のまちづくりへの活用も

三つ目の目的は、実際のまちづくりの現場で政策を選択する場面での活用です。

最近では、このゲームを実際に自らのまちの未来を対話で共有するためのツールとして活用するという事例が表れ始めています。山形県酒田市では、２０１７年（平成29年）に総合計画策定の際の市民参加の取り組みとして、市民委員１００人による「ＳＩＭさかた２０３０」を実施しました。実際に酒田市をモデルにした仮想都市で次々と起こる社会環境の変化に対応し、市民自らが政策選択をするなかで、自分たちのまちに起こることを自分たちがどのように受け止め、その中で優先順位の高いものをどう選択していくのかを仮想体験し、市民は自分たちのまちの「本当に大事なもの」を見つけていく。総合計画策定の過程で市民とともにご当地版の「ＳＩＭ２０３０」を行うということは、自分たちのまちの未来を共同体験してもらうということです。

ここで必要になるのは、ゲーム終了後に市民が選択した結果として共有されるビジョンのリアリティやそのために選択される政策の選択肢、そしてそれらが落とし込まれたストーリーについて十分な練り込みが必要になりますし、酒田市が総合計画策定の過程にこの取り組みを実施したように、ゲームが終わった後にこの体験を実際のまちづくりにつなげるための仕掛けが必要になってきます。

あなたがご当地版「ＳＩＭ２０３０」でたどり着きたいゴールは、この三つのうちのどれでしょうか。

■独りでゲームをつくらない

ご当地版「ＳＩＭ２０３０」は、決して独りでつくらないでください。まずは仲間を集め、一緒に体験会に参加し、自分が体験したゲームのデータを譲り受けてそれをそのまま完全コピーで体験会を実施するなどして「ＳＩＭ２０３０」を体験した仲間を増やしましょう。そうして仲間が増え、自分たちでもつくってみたいというメンバーがある程度集まったら、そこからが作業の始まりです。

ゲームの概要が決まってからのディテールは、個人作業のほうが効率が良い部分もありますが、コンセプトづくりと、そのコンセプトに合ったイベントや事業カード、あるいはオリジナルルールなどは、ある程度多様性を持った複数の人間でやったほうがいいでしょう。

これには二つの理由があります。

一つは、ゲームそのものがたくさんの方に体験してもらうということを想定する以上、ゲーム体験者が持つ多様性をある程度想定できることが不可欠だということ。このシナリオ、このルールならみんなこうするに違いない、という思い込みがあっても、実はそれは自分だけがそう思うだけで、ゲーム参加者の中にはそう思わない人がいるかもしれません。参加する人の価値観や視点の多様性をあらかじめ考慮しながら、みんなが理解し、楽しめるゲームをつくっていくためには、複数の価値観や視点を持った者同士でワイワイやりながら、多くの考えを織り込んでいくほうが、より多くの人にとって面白いものができあがると思います。

誰のため？
何のため？
独りでゲームをつくらない！
ご当地SIM2030をつくりたい!!

■まちの将来について真剣に語る機会として

もう一つは、ゲーム作成の作業の中で、自分たちのまちの現状や将来について学習し、議論し、共有することができるからです。ゲームの根幹をなすシナリオや、政策選択の対象である事業カードにどのような内容を記載すべきかを立案する過程で、起こりうる「まちの未来」についてさまざまな角度からアイデアを出し合い、備えるべき将来や、その将来に対して十分に備えがない現在について想像をめぐらすことになります。この過程においてメンバー同士で共有することは、ゲームを実際にやること以上にまちの将来を真剣に考える作業になります。この段階の労を惜しまず、ぜひ多くの、そして多様な立場の方々にゲーム作成に参加いただき、わがまちの未来について語り合ってみてはいかがでしょうか。

9　あなたも今日からSIM伝道師

■「SIM2030」ファンとして

この本を読んで、「SIM2030」を「やってみたい」「やらせてみたい」「自分でつくってみたい」と思われた皆さんを、同じく「SIM2030」に魅せられたファンの一人として大歓迎したいと思います。ぜひ一緒にこのゲームの面白さ、意義深さを多くの人に伝えるSIM伝道師の役割を担っていきましょう。

その際、私から一つだけ忘れないでほしいお願いごとがあります。それは、このゲームを開発された熊本県庁の職員有志グループ「くまもとSMILEネット」への敬意です。「SIM2030」の最大の魅力は、カスタマイズできる汎用性を持ちながらその基本となる部分がしっかりと構造化されていることです。その土台をゼロからの着想で創り上げた彼らがいなければ、我々はこのゲームを活用することはおろか、体験することすらできなかったわけです。

体験会等での利用やアレンジ、ご当地版の作成は、オリジナルの持つゲームそのものの良さを失わないように留意いただきたいと思います。無限の可能性を秘めたこのゲームを多くのファンの力でより良いものに育てていきましょう。

■体験者こそが伝道師

「SIM2030」が全国各地に広がり、いろいろな方々がアレンジを加え、カスタマイズされるなかで懸念されるのが、ゲームそのものの劣化です。幾度となくコピーペーストを繰り返すなかで、ゲーム開発者が込めた思いや工夫が風化してしまう。そんなことにならないためにあえて、SIM伝道師としての私の心構えをお伝えしておきます。

私は、「SIM熊本2030」を初めて体験し、とても悔しい思いをしました。財政のプロを自負していた自分が、ゲームのルールの中で全く対話による結論を導くことができず、場当たりの結論は議会で承認されず、自分は今まで財政課で何をやっていたのだろうかと落ち込みました。その悔しさの中で、自分が現実の仕事の中で気づくことができなかったことをこのゲームで気づかせてもらったことをとてもありがたく感じ、感謝の気持ちでいっぱいになりました。そして、この喜びを誰かに伝えたい、誰かと分かち合いたい、自分と同じ体験をみんなにしてもらいたいと思うようになったのです。

体験者のみが持つ、この「伝えたい」気持ちがＳＩＭ伝道師である私の原動力です。体験してみないとわからない「難しさ」「楽しさ」を伝えたいと思う気持ちが、「ＳＩＭ２０３０」の劣化を防ぎ、全国へ伝播するなかでも品質を維持向上させるエネルギーになる。「もっと伝わるように」「もっと仲間に広がるように」。その思いが、より良いアレンジにつながり、ひいては自分たちのまちの「ご当地版」をつくってみたい、という情熱を燃え上がらせる。その熱量があれば、「ＳＩＭ２０３０」はよりよく発展進化することができると私は信じています。

■ご当地版をつくってみたら

「ＳＩＭ熊本２０３０」を体験し、地元・福岡市を舞台にした「ＳＩＭふくおか２０３０」をつくってみて、まず自分たちが「ＳＩＭ２０３０」を通して伝えたいことをかたちに変える力がつきました。熊本でオリジナル版が目指したものを踏まえつつも、福岡で自分たちがつくるなら、誰に何を伝えるべきか。議論を重ねて得た自分たちの「伝えたいこと」は、今、全国各地の出前講座で私が話すうえでもブレのない信念として私の腹に収まっています。

また、ゲームづくりの中で、自治体経営を「自分ごと」ととらえる仲間ができました。福岡市職員有志で組織した「ＳＩＭふくおか２０３０企画会議」で定例会議を重ね、ゲーム体験のない方や市職員以外の方も入ったワークショップでシナリオや事業カードの絞り込みをやりましたが、このプロセスは自分たちのまちの現状を知り、未来を語る絶好の機会です。

熱いまちづくり談義に花を咲かせた結果できあがったシナリオは、わがまちを舞台にしているだけあって腹落ち感が違い、とても愛着のある私の分身のような存在になっています。

ぜひ皆さんも、そんな体験をしていただき、「ＳＩＭ２０３０」の虜になっていただけたらと思います。

さあ、あなたも今日からＳＩＭ伝道師です！

Part 4

「財政健全化」って何だろう？

1 「財政健全化」は目的ではなく手段

■「財政健全化」って何だろう？

Ｐａｒｔ３では対話型自治体経営シミュレーションゲーム「ＳＩＭ２０３０」についてお話をしましたが、ここで再び財政の話に戻りたいと思います。

実際の財政出前講座では、座学の部分を前半と後半に分けています。前半では、Ｐａｒｔ１で記した「そもそも財政って何？」という基礎的な話から、Ｐａｒｔ２で説明した自治体の財政構造、現状、将来見通しについて話し「お金がない」ということの正体に迫ります。

そして、「お金がない」という課題を解決するには「新しいことをやるために今やっていることを見直す」ことが必要ですが、それをゲームで仮想体験してもらうために、Ｐａｒｔ３で紹介した対話型自治体経営シミュレーションゲーム「ＳＩＭ２０３０」をはさみます。参加者の皆さんは「お金がない」現実と、その中で「新しいことをやるために今やっていることを見直す」ことを体験し、「お金がない」現実をどう乗り切っていくか、つまり「財政健全化」を体感し、ここでお話する財政出前講座の後半部分「財政健全化って何だろう？」に入っていくことになるのです。

■財政指標はただの物差し

講座でよく「どこまで財政健全化すればいいのか」「どういう状態になれば財政健全化が達成できたと言えるのか」という質問をいただきます。

非常にいい質問です。私は即座に答えます。「財政健全化は目的ではなく手段です。」と。

Part2でお話したように、自治体にないのは「新しいことをするお金」です。そこにある政策課題を解決するために今やっていることを見直す。財政健全化はそれ自体が目的になるものではなく、優先的に実施すべき政策を実現するための手法にすぎません。つまり、新たに手掛ける優先度の高いものを実現しようとする限り、永遠に続くものなのです。逆に言えば、今がよければ新たに手掛ける必要はないわけですから、ことさら財政健全化に取り組み、財源を捻出する必要もないということです。

経常収支比率や財政力指数などの財政指標は他の団体と比較したり、過去からのトレンドを分析したりするために使用する物差しであって、それ自体は財政が健全であるかどうかの判断基準になるものではありません。財政指標がどれだけよくても、今後取り組むべき重要な政策課題があり、その実現に向けて多くの財源を捻出する必要があれば、既存事業の見直しにも積極的に取り組まなければならなくなるのです。

■自治体の財政健全化は個人の健康づくりと同じ

私は「財政健全化」をよく「健康づくり」に例えます。「健康づくり」も財政健全化と同じく目的ではなく手法にすぎません。私が健康でありたいのは、安心して仕事や趣味などの好きなことに挑戦でき、おいしいものを食べ、いろいろな場所に出かけていき、いろいろな人に会える、そんな豊かな人生を送るという目的を達成するためであって、健康であることそのものを目的にしているのではありません。フルマラソンを走るわけではないので、少々肥満気味でも、少々コレステロールが高くてもいいのです。やりたいことを実現するために必要な状態を保つという意味では、個人の健康づくりも自治体の財政健全化も全く同じなのです。

2 「スクラップ&ビルド」から「ビルド&スクラップ」へ

■「ビルド&スクラップ」への発想の転換

財政健全化は、新たに取り組む政策の財源確保のための手法、と聞いて皆さんの多くは「スクラップ&ビルド」という言葉を思い出すのではないでしょうか。社会環境の変化等に伴い必要性や緊急性の低くなった施策事業を縮小廃止（スクラップ）し、そこから生み出された財源を充てて新たな施策事業を実施（ビルド）する行財政改革の手法のことですが、多くの自治体が長年、事業を淘汰し続けてきた結果「これ以上見直すべき施策事業が見当たらない」という状況に陥っています。

しかし、そもそも自治体の財政健全化の目的は「今後必要になる政策的経費の財源確保」であり、新たに行うべき施策とすでに取り組んでいる施策とが限られた財源の中でトレードオフの関係になっているにすぎません。そこで、これまでの発想を転換するキーワードが「ビルド&スクラップ」なのです。

まずやらなければいけないこと、重要な取り組みの実施（ビルド）を企て、すでに行っている施策事業がその新たな取り組みよりも優先順位が高いか低いかを判断しながら、これまで正当化されていた既存事業の優先順位を並べ替え、現在の社会環境や時代の要請に応じた順位へと「最適化」する。その結果、廃止縮小（スクラップ）を余儀なくされるものが現れます。これが「ビルド&スクラップ」と呼んでいる財政健全化の手法です。

■「スクラップ&ビルド」は順序が逆

今でこそ私が考案したかのように全国で喧伝しまくっている「ビルド&スクラップ」ですが、実は私も受け売りです。この考え方は2012年度（平成24年度）に福岡市に設置された「自立分権型行財政改革に関する有識者会議」の座長を務められた元三重県知事の北川正恭先生からいただいたものです。

私が財政調整課長に就任したのと同じ年の4月に行財政改革に関する新たなプランを策定するために設置されたこの有識者会議では、財政状況やこれまでの推移、将来見通しなど、今、財政出前講座で使用しているデータをもとに、福岡市の財政健全化をどう進めるべきかについて議論いただくこととしていました。

将来推計を見れば財源が不足することは明らかで、この財源不足を解消するためにどこから財源を捻出するのか。そのために無駄なもの、見直すことができるものを具体的に洗い出す、事業仕分けのような議

新たに取り組む
政策の財源確保
これが必要！
やろう！
ビジョン
＝財政健全化
OK
ビルド
&
スクラップ
これは
見直し！

論を事務局として期待していたのですが、資料作成にあたり北川先生と協議するなかで非常に厳しい口調でお叱りを受けました。

先生「財源が不足するというが、それは何をするお金が足りないのか」
私「このままでは、毎年度確保してきた政策的経費に充当する一般財源が足りません」
先生「政策的経費で今後どのような事業を行い、どのような経費がかかるのか、見込みを立てているのか」
私「行財政改革のプランと並行して、今、マスタープランの実施計画を策定しています。その中で必要な事業や経費を明らかにしてきます」
先生「ではまだ何に使うかわからないお金のために今やっている事業を削減しろということか。それは順序が逆だろう！」

私は全てを理解しました。財政健全化は目的ではなく手法。新しいことをやるために必要な財源を生み出すために行う事務事業の見直しですから、何を新たに取り組むのかが先に論じられるべきであって、見直しありき、予算削減前提で議論してはいけない、という考え方に立つべきだったのです。

■要らないもの探しから要るもの探しへ

「SIM2030」のゲームの中では、新たに選択する政策の財源を捻出するために既存事業の廃止することを余儀なくされます。そうすると必ずグループの中で「まず、要らないと思うカードを各自1枚ずつ選んでみよう」という作業が始まります。しかし、6人がそれぞれ1枚ずつ選んだところでそこから先の作業が止まってしまいます。6枚のうち何枚を実際に廃止すればいいのか、またその優先順位づけをどのようにすればいいのか、がわからないからです。

ところがゲームが進むにつれて、参加者の思考パターンが変わってきます。何を廃止するかではなく、シナリオで与えられた政策課題を解決するために予算を投じるかどうかを先に議論し、その議論の結果を受けて、廃止する事業の数やその内容の議論に移っていく。要らないものの議論から始めるのではなく、必要なものを決める建設的な議論がどのグループでも繰り広げられ、その結果「これをやるのだから類似目的のこれは辞めることができるのでは」というように、同一の政策分野での優先順位づけが議論されるようになるのです。

まさにこれが「ビルド&スクラップ」を体得する瞬間です。

3 限られた資源で自律経営ができる組織に

■枠配分予算による「局・区の自律経営」

福岡市では、この手法を用いることで、重要施策の推進や新たな課題への対応のための政策的経費の財源として2014年度（平成26年度）からの3か年で490億円を新たに確保することができました。この取り組みを支えたのが、「行財政改革の目的は何か」という核心部分を各職員、各職場が理解し、それを「自分ごと」としてとらえて行動する「局・区の自律経営」です。

Ｐａｒｔ１で述べたように、自治体における予算編成では、まず施策事業を担当する現場から、現場で推進すべきと考える施策事業に必要な経費についての「予算要求」が行われ、財政課がその必要性や緊急性、金額の妥当性などを精査し、自治体全体の予算を調製しています。財政課が全てをチェックし、統一的な判断を下すことで予算査定の一貫性を確保できる一方、現場からの「要るものは要る」、財政課の「ない袖は振れない」という互いの主張はなかなか交わることがなく、時として不毛な議論や組織間の不信を生むこともあります。

一方、福岡市では、住民に一番近い現場で最適な判断を行うことができる「局・区の自律経営」を推進しており、予算編成においてもあらかじめ一定規模の財源を政策の推進を司る各局・区の長に配分し、その範囲内で予算編成の権限と責任を大幅に委譲する「枠配分予算制度」を採用しています。

各局・区長は、与えられた財源を最も有効に活用して政策を推進する方策と、そのための財源確保、すなわちどの既存事業を見直すかについて判断し、最小の経費で最大の効果を上げる組織経営を行うことと されています。このため自らの政策推進のために必要となる経費は「ビルド＆スクラップ」によって自ら生み出さざるを得ないという仕組みになっているのです。

■市民に近い現場に責任と権限を

「枠配分予算制度」を導入した際、役所内のいろいろな方々から反対の声があがりました。

「財政課が査定しないとはどういうことだ。査定するのが財政の仕事だろう」。

そんな揶揄に対して私はこう答えていました。

「一般会計だけでも3千もある事業の全ての内容を財政課長が把握して優先順位をつけることが本当にできると思いますか？　私はできないと思います。それよりも市民に近い現場に責任と権限、そしてその権限を行使するために必要な財源をお渡しして、現場で感じている最も有効なお金の使い方を考えていただき、実行していただく方が市民のためになると思いませんか。」

役所の奥で現場から何人もの又聞きで伝えられる情報だけを頼りに理屈をこねて査定する財政課の判断だけで全てが決まるというのは恐ろしいことだし、どこで誰がどう議論したかわからないで出された結論だけ聞かされる現場も、その結論は当然他人事で、市民に対して正しく伝えることもできないはずです。

これだけ厳しい財政状況の中で何を優先させ、その結果何をあきらめるのか、それをどういう言葉で市民に正しく伝えるのかを考えれば、市民に一番近く、市民の声を一番聞いている現場で責任をもって判断できる仕組みであるべきだと私は考えました。また、そのような状況に置かれた現場の職員は、きっと初めて「財政」を自分事と考え、優先順位を自分でつけるために情報を収集し、判断し、責任をもってその判断を語れるようになると信じたのです。

■「共有」から「共感」「共働」へ

「局・区の自律経営」を機能させるには、財政担当を中心とする官房部門と現場との対立を乗り越え、各職員、各職場が自律経営への理解を深め、そのことを自覚して行動できる組織を育てなければなりませんでした。「厳しい財政状況」というが何がどう厳しいのか。誰がどこでお金を使っているのか。自分たちが毎年シーリングで削られたお金はどこに充てられているのか。その構造についての理解が財政課と現場の職員とで「共有」され、対立ではなく共通の理解で互いの立場を「共感」すること。

そのうえで全ての判断を財政課で一元的に行うのではなく、現場に近い部門で全体最適を見据えつつも部門ごとの自律的な判断をする「局・区の自律経営」が限られた経営資源を効果的に活用する最善の策であり、その実現のために各局・区長に権限と責任を委譲する「枠予算制度」を導入していることを理解し、官房部門と現場がそれぞれの立場で「共働」すること。

この「共有」「共感」「共働」を導くために私が財政調整課長在任中に始めたのが、私自らが各職場を回って行う「財政出前講座」だったのです。4年間で80回、参加人数は延べ2千人。希望する職場での任意開催、希望者のみの任意参加であるにもかかわらず全職員の5人に1人が受講したこの講座を通じて、財政部門と現場との心理的な垣根が取り払われ、相互の情報共有と相互理解、共感が進んだことは、福岡市が「局・区の自律経営」に基づく「ビルド&スクラップ」で行財政改革をしっかりと推進できた原動力だったと思います。

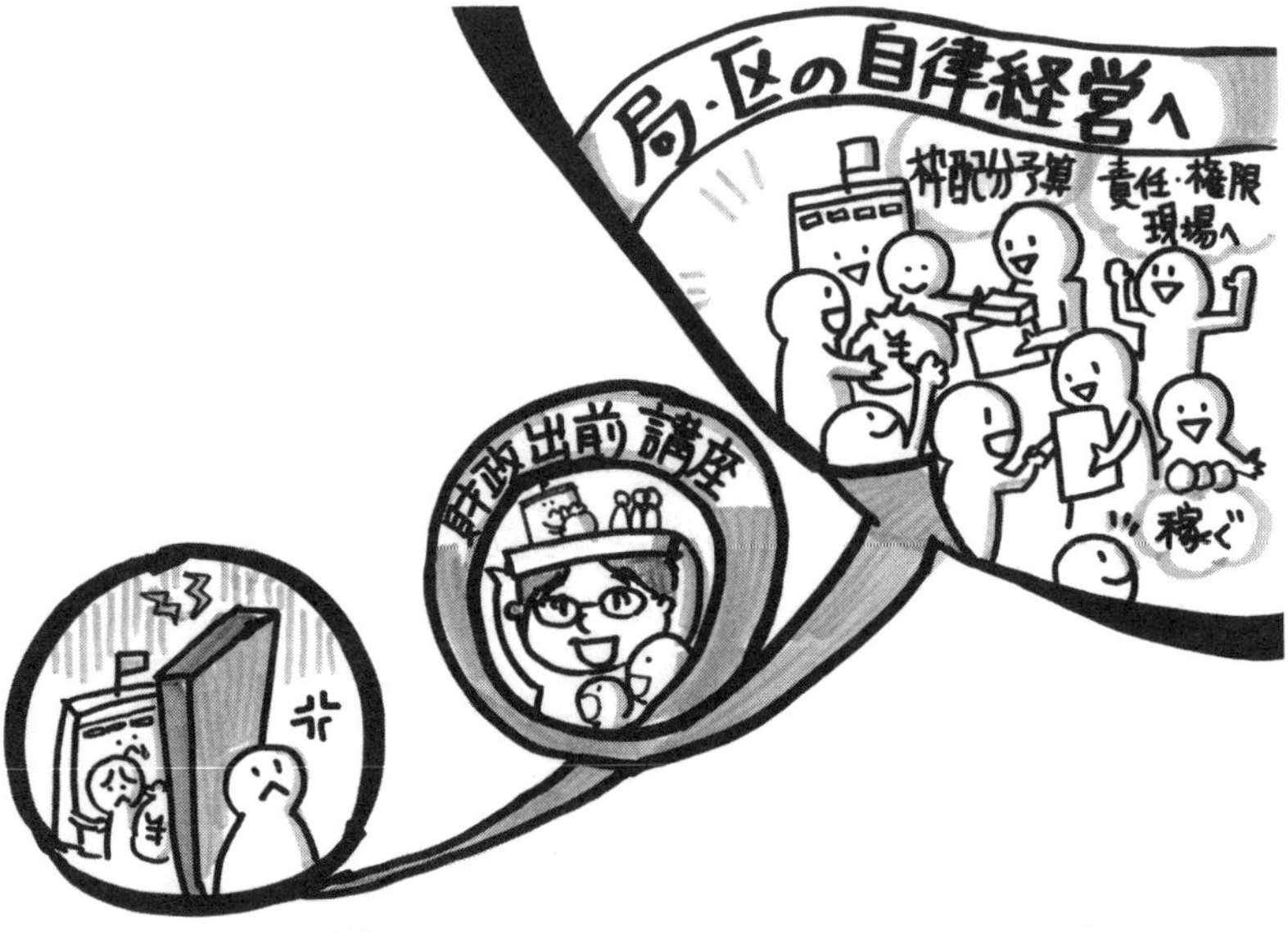
局・区の自律経営へ
枠配分予算
責任・権限
現場へ
稼ぐ
財政出前講座

■財源は与えられるだけではない

福岡市で行っている「枠配分予算制度」の仕組みでは、各局・区に配分されるのは自治体で自由に使途を定めることができる一般財源です。一般財源は市町村税や地方交付税などなので、扱うのは主に財政部門の役割で、事業を実施する現場が直接その収入を増やす取り組みを行うことはできません。

しかし、自治体の財源にはもう一つ、「特定財源」というものがあります。Part2で触れたとおり、特定のことにしか使えないお金のことです。局・区の自律経営を行ううえでは、この「特定財源」をいかに確保するのか、ということにも目を向ける必要があります。

■使うために「稼ぐ」という創意工夫がモチベーションに

財政課から配分される一般財源で事業費を十分に賄うことができないのであれば、自分たちが実施する事業のために別のルートでお金を集めてくればよいという発想です。事業に対して協賛金や寄付金を募るもよし、遊休資産の活用や印刷物、庁舎の壁などの余剰スペースで広告収入を稼ぐ方法もあります。一部の利用者だけが反復して利用する施設などでは、その施設の維持管理費を受益者負担で賄う観点から施設使用料を徴収するということも考えられます。そうやって、自分たちで考え、自分たちで汗をかいて事業に必要な財源を「稼ぐ」という発想も、これからの自治体経営にとって必要な考え方になっています。

「枠配分予算制度」によって、与えられるお金だけで自分たちのやりたいことができない場合には自分

NEW
Action!
使うために「稼ぐ」！

たちで稼ぐ。そのかわり、稼いだお金は基本的に自分たちの所管する事業に充てることができる。このインセンティブが現場職員の創意工夫のモチベーションになっているのが、福岡市で行っている「局・区の自律経営」のもう一つの効果です。

4　私が「財政出前講座」を始めた本当の理由

■きっかけは1本のメール

私が福岡市で職員に対して財政出前講座を始めたのは、市職員に財政のことをもっと知ってほしい、職員として必要な知識を身につけてほしい、という考えからではありません。当時、財政健全化のためのプランを策定中だった私が直面したのは、当時の試算ではじき出された4年間で850億円というとほうもない財源不足。財政課でいくら切った貼ったを頑張ってみても到底生み出せる金額ではありません。しかも各部局に財源捻出のための事業見直しの案を出すようにお願いしても笛吹けど踊らず、各局・区からは「要るものは要る」「見直すことは難しい」の大合唱でした。

そこで私はまず、この財源不足の状況を職員に正しく理解してもらおうと考え、職員専用のイントラネット掲示板にパワーポイントの資料を掲示したところ、とある出先機関の職員から「資料の掲示だけでは何のことだかさっぱりわからないので説明に来てほしい」というメールをいただきました。私も即座にお返事をしました。「わかりました。では出前に伺います」と。

■「講座」に名を借りた「お願い」

このメールのやり取りで始まったのが「財政出前講座」です。出前講座では、財政とは何か、予算とは何か、といった初歩的なところから、自治体財政の構造、現状、将来見通しという中級者レベルの話を進め、最後に「お金がないとはどういうことか」「どこにお金を使っているのか」「なぜ毎年予算が削減されるのか」「削られたお金はどこに行くのか」「なぜ枠配分予算制度を導入したのか」を畳みかけるように語り、最後にこう締めくくりました。

「これだけの財源不足、財政課だけでは到底生み出すことができません。しかしここで財源を生み出さなければ、皆さんが直面している新たな課題、政策推進プランに掲げた重点事業を推進することができません。どうか、現場に近い、市民に近い皆さん一人ひとりの知恵で、この難局を乗り切る『ビルド＆スクラップ』を考えてください。お願いします！」と。

■「出前」だからうまくいく

このお願いは、「出前」という形式だからこそうまくいきました。これまでも事あるごとに財政課が厳しい財政状況を各部局に知らせて施策事業の見直しを迫る説明会を開催してきましたが、説明会がお通夜のように静まり返るだけで事業見直しの具体的なアイディアを現場から出そうという熱量が湧き上がってくるわけではありませんでした。

しかし、財政出前講座は違いました。財政のことを勉強したい人は私を呼んでください、と職員専用掲示板に書き込み、興味を持ってくれた所属に出向いていく「出前」スタイルでは、聞き手はそもそも興味があって私の話を聞こうという姿勢の持ち主。そんな皆さんに私の熱い思いをぶつけることで、多くの職員が賛同して「私も財政のことをきちんと考えよう」「私も何か見直せることがないか考えてみよう」と言ってくれるようになりました。

■口コミを生んだ掲示板での壁新聞

私は出前講座の開催にあたり、主催者に受講した内容と感想を職員専用掲示板に掲示するようお願いしたのですが、これがとてもいい効果を生みました。皆さん、私の講座を受講した感想を好意的にわかりやすくまとめてくれ、掲示板に面白おかしく、壁新聞のように掲示してくれました。この掲示を見て、「財政出前講座って面白そう」という評判が口コミで広まり、たくさんの職場やグループからお声がかかるようになったのです。

財政課が招集して財政状況を説明しても、その厳しい状況は他人事のようにしか聞こえませんが、財政課長を呼んで話を聞く機会を自分たちで企画し、実施した場合には、そこで聞いた「財政課長からのお願い」が自分事として届くんだな、とつくづく感じました。もちろん、最初からそう計算づくで始めたわけではないのですが、件の職員から「出前」というスタイルを最初に提案してもらえたことを本当に感謝し

財源不足….
850億
出前で〜す
財政課より
ビルド&スクラップのお願い

たいと思います。

■財源を生み出すことはできないけれど

職員向けに出前講座をやって最後に「ビルド&スクラップのお願い」をすると、多くの職員がその考えに賛同し、自分たちの職場でも何かやれることがあるのではないかと考えてくれるようになりましたが、その中でとてもうれしいことがありました。

ある出先機関で窓口を担当している職員から、講座終了後の質疑応答の時間に質問がありました。

「うちの職場は窓口なので大きな予算を使っておらず、事務事業の見直しで浮かせることができる予算も限られています。そんな職場で、財政健全化のために取り組めることはありますか？」

私は即座に答えました。

「私たちの仕事は、それぞれの持ち場で市民サービスを提供し市民の幸せを実現することですが、それは予算を伴うものだけではありません。市民の幸せ、満足が向上するかどうかは使った予算の多寡によるのではなく、あくまでもその内容です。窓口であれば、その応対の誠実さや笑顔、手続きの迅速性や正確性など、予算を直接かけるのではなく、職員一人ひとりが心がけ、実践することで市民の皆さんが幸せな気持ちになれる〝スマイル0円〟のようなものがたくさんあります。ぜひ、そういう予算のかからない分野で市民の皆さんの満足度を高めてください」と。

財政に関する出前講座で、お金がないという話をしているなかからこういう議論に発展し、いろいろな職場での共有、共感につながっていったことを大変うれしく思います。

5 財政出前講座を予算編成にどう活かす？

■枠配分予算制度は万能か

出張財政出前講座で「枠配分予算制度」について説明すると、他の自治体の職員さんから講座終了後に必ずこの制度の詳細について質問があります。

配分のルールはどう設定しているのか、現場の不平不満はないのか、現場はきちんと枠を守るのか、枠配分予算の内容を財政課はどのくらいチェックするのか、など、実際に枠配分予算の導入を検討するために、微に入り細にわたって質問攻めにあうこともしばしばあります。きっと私の講座を聴いて、「枠配分予算制度」を導入すれば予算編成がうまくいく、と思われるのでしょう。

そのような質問をいただいた際に私がいつも申し上げているのは「枠配分予算制度」という仕組みだけでは万能ではないということです。これまで多くの自治体が枠配分予算制度を導入していますが、その成果が十分に得られずに元の一件査定に戻している事例も耳にします。その詳細をお聞きすると、だいたいは財政課と現場との信頼関係が壊れてしまったというケースのようです。

■枠配分はルールではなく目標

枠配分予算であまりにも厳しい財源配分を行うと、現場が配分された枠の範囲で予算を組むことができず、予算編成そのものを投げ出してしまうということが起こります。多くの自治体で直面する枠配分予算制度の崩壊です。

現場が配分枠を守れないのは、現場に責任があると思いがちですがそうではありません。各現場の事情を十分に考慮せず、現場が守れないような枠を一律に与えるような一方的な枠配分では、現場のモチベーションは低下する一方です。

私は「枠配分はルールではない。各現場に与える目標だ」と説明しています。ルールであれば一律、平等が原則で、一度決まったものはそう簡単には変更されませんが、私が財政調整課長だった当時は、各部局の実情に応じて配分に当たっての算定方法や適用対象の考え方を毎年度変えていました。それはこの「枠配分予算制度」が各部局において財政健全化を自分ごととしてとらえ、自律的に予算編成を行ってもらうための手法だからです。

決まりだからと思考停止して全ての職場で一律に予算をカットするのではなく、それぞれの現場の実情に応じてビルド＆スクラップに基づく自律経営を職員一人ひとりが自分の頭で考え、それぞれの立場で創意工夫を行うモチベーションを維持できるように、厳しいながらも頑張れば手が届く目標を設定し、そこで不足する財源をどう全体で調整しやりくりするか、という点で財政課の手腕が試されていました。財政課と各部局の現場とが互いに信頼し、持ち場を任せることで「枠配分予算制度」は初めて機能するのです。

■枠配分なのに査定する？

そういう意味で悲しいのは、「配分された枠の範囲内で組んだ予算案を財政課に査定されて現場のやる気がなくなった」という理由で枠配分予算制度が廃止された自治体が少なからずあるということです。

財政課の言い分としては、「配分された枠の範囲内であれば何をやっても構わないということではないから財政課のチェックも必要」、あるいは「厳しい財政状況下では、配分枠の範囲内であっても無駄な予算はあってはならない」という理屈のようですが、せっかく創意工夫を凝らし、苦労して配分された枠の範囲内に抑えた現場の苦労はいったい何だったんだ、という話になってしまいます。

枠配分予算制度は、現場の裁量を尊重し、その権限と責任を委ねることにその意義があります。信頼され、任されているからこそ、その期待に応えられるように現場でより効率的に、より身近な市民の声を反映できるようにと工夫するモチベーションが保たれるのに、それを財政課でさらに精査し、査定を加えてしまっては、現場のことが信用できないと言っているのと同じです。信用されていないなら権限なんていらない。今までどおり必要なだけ腹いっぱい予算要求して、財政課で査定してもらえばそれでいい。現場をそんな投げやりな気持ちにさせてしまっている不幸が、全国の自治体で繰り広げられているのは悲しいことです。こんなことをしていては、「財政課の職員が嫌い」と言われても仕方ないと思います。

「枠配分予算制度」だけが全てを解決するわけではありませんが、厳しい財政状況に置かれている事実を財政課だけでなく全ての職員が情報を共有し、その危機感の中でお互いができることを任せあって事に当たる、そんな信頼関係の構築こそが、この厳しい難局を乗り切っていく唯一の方法だと私は思うのです。

■いつ、誰と、どこで対話する？

「ＳＩＭ２０３０」のゲームの中で６人の部長が互いの立場を越えて対話の中で政策を選択していく過程を経験することで、「福岡市ではこんな形式で部長同士での対話が行われているんですか」とよく聞かれますが、そんなことはありません。小さな組織であればそのようにできればいいなとは思いますが、９千人を超える職員を要する巨大な組織で、各政策部門の長が対話によって政策選択を行っていくという仕組みを構築・運用することは現実的にはなかなか難しいですし、そういう仕組みにする必要があるのかというと必ずしもそうではないと考えます。

むしろ、対話による政策選択の実践にふさわしいのは、同じ政策目的で束ねられた局や部単位ではないでしょうか。同じ局、同じ部であれば、常日頃から同じ職場の空間を共有し、互いの仕事の忙しさや重要度に触れることも多いことから、互いの立場を理解しやすく、同じ目標に向かって限られた財源の有効活用のために施策事業の優先順位を整理していくうえで、立場を超え、情報を共有し、同じビジョンを目指して対話を進めていくことがやりやすい間柄だと考えるからです。

枠配分予算制度であれば、配分された財源をどのように各事業に充当していくかを考えるためには、配分を受けた部局内で自分たちが進める施策事業の優先順位を最適化するための対話をするしかありません。そこでは課や係、担当者レベルで自分の担当事業の重要性のみを主張して対立するのではなく、その部局で進める政策分野全体を見渡して、何を優先すべきかを全体最適の視点で考えていくことになります。それが「対立を対話で乗り越える」ことになるのです。もちろん、枠配分予算制度でなくても、同じ部局内で同じ方向を向いて対話することが必要なのは言うまでもありません。

■一件査定と枠配分予算

Ｐａｒｔ2で、予算編成手法には「一件査定」と「枠配分予算」の二つの方法があると述べましたが、この二つの方法では、どちらが優れているんでしょうか。

私自身は、ビルド＆スクラップを基本とした局・区の自律経営を進めてきた立場から「枠配分予算制度」を推奨しますが、必ずしもこれが絶対的な解ではないと考えています。福岡市でも「枠配分予算制度」を採用しながらも、特に重要な施策事業についてはあらかじめ「枠配分」の対象外とし、財政調整課による一件査定と組み合わせた予算編成を行っています。また、自治体の規模や組織の所管する事務事業のくくり方の違いもあり、自治体によっては枠配分予算制度を採用することが合理的ではない場合があり、財政に関する専門的な知識やノウハウを財政課に集中させたほうが効果的な場合もあります。

ただ、いずれの方式を採用するにせよ、あるいはその併用を行うにせよ、肝心なのは財政課と各部局の現場がきちんと「対話」することにより、同じ情報を持ち、同じ価値観、危機感を共有し、共感していることが不可欠ということです。一件査定だからと言って財政課に任せきりにするのではなく、枠配分予算だからと言って各部局の現場で好きなようにやるのではなく、財政課と各部局の現場が互いに相手の立場に立って全体最適を考えられる。互いに普段からそんな関係性をつくることが予算編成の仕組みを云々する前段階として重要だということを理解していただきたいと思います。

■自治体と市民との関係に置き換えてみる

これまで、財政課と各部局の意思疎通、情報共有の重要性と、それを成立させるための「対話」の大切さについて述べてきましたが、この考え方は組織内での「財政課vsその他大勢」の関係性の話にとどまらず、自治体と市民との関係性にも相通じるところがあると考えています。

多くの市民は、自分に直接関係のある個々の施策事業について関心が高く、その充実を求めたり、その廃止縮小に反対したりします。財政を預かる者としては、個々の施策事業の充実や廃止縮小の前提として、厳しい財政状況やその中での施策事業の優先順位づけの考え方を理解してほしいと考えますが、なかなかその説明の機会はなく、また十分に説明されている状況ではありません。

そういう状況下で自治体が限られた財源を効果的に活用するために施策事業を取捨選択していくには、

対話

自治体財政の全体像について市民とも共通の理解を得ていく必要がありますし、その中で何を根拠に優先順位づけが行われているのかということについてもしっかりと説明責任を果たしていくことが自治体側に求められます。それらを実現するためには、同じ情報を共有し、立場を超えて互いの意見に耳を傾け合う「対話」こそが重要になります。

私自身は、財政調整課長の任にある4年間で、福岡市でそこまでの取り組みを進めることはできませんでしたが、財政課と各部局との対話と同様に、今後ますます重要になってくるものと考え、出前講座の中ではそのようにお伝えしています。

6　対立を対話で乗り越える

■私が財政出前講座で一番伝えたいこと

私はなぜ「出張財政出前講座」で全国各地を回り、こんなにもたくさんの回数の出講をこなしているのでしょうか。

最初は福岡市の財政調整課長として財政健全化に取り組むにあたり、4年間で850億円もの財源不足を自分一人で解消できるわけがないという大きな壁に直面し、その課題を自分一人で抱えるのではなく市職員一人ひとりに理解してもらい、共感してもらうためでした。それがやがて、福岡市役所という一つの組織の壁を越え、他の自治体へと出前に行くようになり、さらには自治体職員だけでなく、市民や地方議員の皆さんにもこの話をお届けするようになったのは、福岡市役所での自分の挑戦を皆さんに伝えることで、その根本を一人でも多くの方に理解してもらい、それを実践してもらえたら、と考えるようになったからです。

私が福岡市で挑戦したのは「対立を対話で乗り越える」組織づくり人づくりです。厳しい財政状況を全庁一丸となって乗り切るために、局・区の自律経営によって全ての職員が財政のことを自分事ととらえ、全体最適を自らで考え、それぞれの現場で自律的に行動できる職場づくりを目指しました。その結果、その前提として財政課と各現場との信頼に基づく相互理解が必要で、そのための情報共有や、立場を超えた対話が必要だということに気づかされました。それを可能にしたのが、職員向けに始めた「財政出前講座」だったのです。

■共通項は「対立を対話で乗り越える」

この「対立を対話で乗り越える」というフレーズは、「ＳＩＭ熊本２０３０」を開発した「くまもとＳＭＩＬＥネット」の和田大志さんからの受け売りです。「ＳＩＭ２０３０」のゲームコンセプトでもあるこの言葉は、私が目指した局・区の自律経営に基づく財政運営の根本理念でもあり、４時間半にわたる「財政出前講座 ｗｉｔｈ ＳＩＭ２０３０」の底流に流れるメインテーマなのです。

私が福岡市役所で目指した「対立を対話で乗り越える」組織づくり人づくりは、完全にうまくいったというわけではなく、まだまだ未完で軌道修正すべき部分も多々残しています。それでも財政調整課にいた4年間でやれることはやったかな、と思っています。

そして、曲がりなりにもこの4年間で挑戦し続けた「対立を対話で乗り越える」ことそのものを、いろいろな場所で、いろいろな方々に伝えたくなりました。

■一人の千歩よりも千人の一歩

「局・区の自律経営」の根底に流れるのは、情報共有をベースにした部門間の「対話」による相互理解と、その理解に基づき互いを「信頼」して任せることができる組織風土です。

財政課長がたった一人のスーパーマンとして全て責任を背負ってその権限を行使するのではなく、「一人の千歩よりも千人の一歩」を合言葉に、全ての現場職員が「自分が首長だったら」と全体最適を考えることができる視点と情報を持ち、現場ごとに首長に代って最適な判断が下せる、さまざまな課題を職員一丸となって乗り越えることができる、強靭かつしなやかな組織こそが、これからの自治体のあるべき姿ではないかと私は思います。

自治体が乗り越えるべき課題は、財政問題のほかにも数多くあります。これからの自治体に求められるのは、さまざまな立場、見解も持つ者同士が胸襟を開いて情報を共有し、互いの立ち位置を理解、尊重しながら相互の対話で対立を乗り越え、全体最適を導くこと。そして、自治体組織内でも、また市民、地域

1人の1000歩より
1000人の1歩

団体、企業、NPO等の多様なステークホルダーとも、対話による共有、共感の醸成を怠らず、互いに手を携えて同じ方向を向き、同じ歩調で一歩一歩着実に歩んでいけることです。

7　グラフィックレコーディングとともに

■親しみやすさ、わかりやすさ、そして物語性

この本を書くにあたり、ビジュアルファシリテーターの和田あずみさんに挿絵をお願いした理由についてはプロローグで触れましたが、ここまで読んでみて皆さんいかがでしたでしょうか。

和田さんの親しみやすい柔らかいタッチの画風に癒されながら読み進むことで、講座の内容を文章で書き起こしたものをダラダラと読まされるより100倍くらい理解が進んだのではないかと思います。

グラフィックレコーディングには、難しいものやとっつきにくいものをわかりやすく可視化して、見る者の理解を助ける働きがあります。この本では、私の文章だけでは難解なところをずいぶん助けてもらっています。

グラフィックレコーディングは難解な「財政」というテーマについての理解促進の一助となるだけでなく、通常は講座を聴きながらその場で即興的に書き記していくものですので、そのライブ感もこの本の読者の皆さんにお届けしたいと考えました。そこで、2年前に一度共演させていただいた和田さんに改めて私の講座のライブ感を味わってもらい、その熱量を挿絵に乗せてもらおうと、締め切りの迫るなか、その

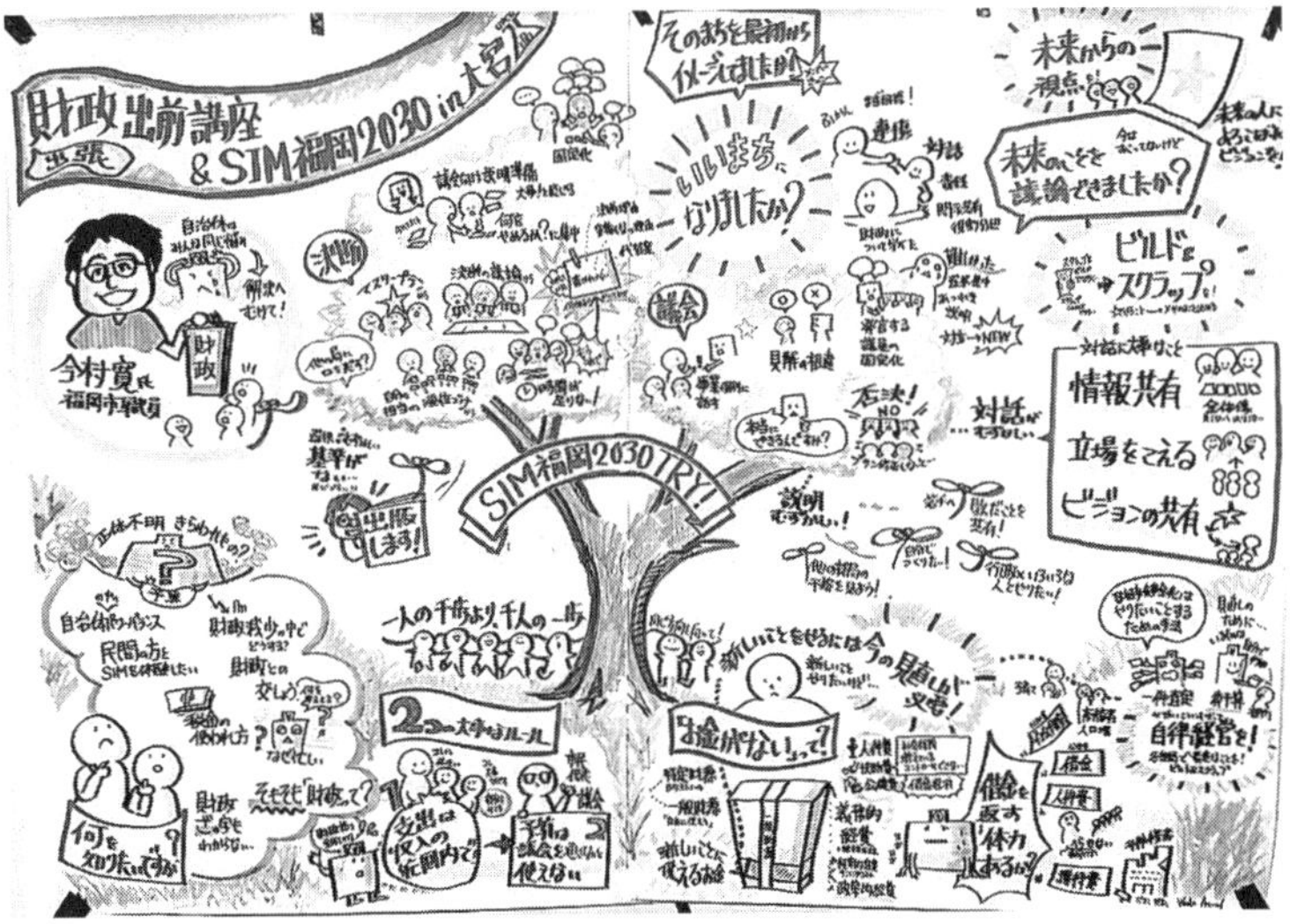

写真1

目的のためだけに「出張財政出前講座」を開催しました。そのときに実際に描いてもらったのが写真1です。ちなみに、2年前の10月、千葉県茂原市で初共演した際の作品が写真2。

二つのグラフィックを見ていただくとわかるように、私の講座には一つのストーリーがあり、和田さんの絵がそれを見事に視覚化してくれています。茂原市で初めてグラフィックレコーディングを体験したときには、私自身の頭の中はここまで構造化されていなかったのですが、和田さんのグラフィックで私の講座の構造が可視化されたことで、その後の私の演者としてのスキルが大変進歩しましたし、今回のように講座の内容を本にまとめる際にも頭の整理がすっきりとでき、大変重宝しています。すばらしい技術だと思います。この本をここまで読み進めていただいた皆さんなら、この絵が示すものは全ておわかりかと思います。

写真2

■ともに対話を促進する者として

グラフィックレコーディングは今、ファシリテーションの世界で大きな存在感を持ち始めています。同じ場にいて同じ話を聞いていても違うこととして理解してしまい、その誤解が埋まらないということが会議の場などではよくありますが、グラフィックによる視覚化で同じ場に居合わせた者同士で相当に共通理解が進むのがグラフィックレコーディングの特徴です。

「対立を対話で乗り越える」というテーマをもって取り組んでいる私の財政出前講座が、対話を促進するツールであるグラフィックレコーディングと出会い、こうして一緒の舞台に立っていることはとても喜ばしく、またその奇妙な縁を不思議に思います。

170回も繰り返し演壇に立ち、日々繰り言のように述べている私の主張がこんなにもわかりやすくまとめられ、視覚的に表現されていることを本当にうれしく思いますし、この本を書いた後もまた、和田さんのグラフィックレコーディングとの共演をどこかで果たしたいと思います。

Part 5

全体最適を「対話」で導くヒトづくり

1　財政出前講座の現在・過去・未来

■講座では話せないここだけの話

　Part1からPart4までは、私が普段全国各地で行っている「出張財政出前講座 with SIMふくおか2030」でお話をしている内容を再現する形で文章を書いてきました。ここからは、財政出前講座で全国を飛び回るなかで、講座では時間に限りがあるのでなかなか全ての人にはお伝えできていない話、主に懇親会などの席上でお話ししている財政出前講座の「これまでの歩み」や「これからのこと」、そして「私がこの活動を通じて感じていること」について、紙面を割きたいと思います。

■もともとは普通の自治体職員でした

　私の現在の活動ぶりを見て「スーパー公務員」という表現で私を持ち上げてくださる方がたくさんおられますが、私はもともと、どこにでもいる普通の自治体職員です。

　神戸で生まれ、親の転勤で東京や広島、宝塚などに移り住み、縁もゆかりもない福岡の地を初めて踏んだのは1980年（昭和55年）。中学、高校と福岡で過ごし、いったんは生まれ故郷の関西での生活にあこがれて関西の大学に進学しましたが、福岡に帰ってくることにしたため福岡市役所を受験しました。あまり自治体職員の仕事に情熱をもって職業選択したわけではないというのが正直なところです。

民間企業での経験もなく、大学卒業後直ちに福岡市役所に入庁した後は、環境局産業廃棄物指導課で許可業者の指導や許認可、都市整備局都市計画課で都市計画審議会の運営や都市計画決定手続き、博多区保護第1課で生活保護世帯のケースワーカー、経済振興局コンベンション課で国際会議場整備プロジェクトの統括、と毛色の違う4つの職場でそれぞれ小さなことから大きなことまでいろんな業務を経験させていただきました。自治体職員としては、少々はねっ返りで生意気な若造でしたが、組織の中で特に突出していたわけでもなく、仕事以外に目立った活動もせず、市役所の内部以外に交友関係もない、本当に普通の職員だったと思います。

経済振興局で国際会議場をつくっていた矢先の2002年（平成14年）4月、5つ目の職場として財政局財政課に異動し、財政係長として5年間予算編成に明け暮れることになりました。ここが私にとって一つ目の転機でした。

2　財政係長はつらかった

■査定に明け暮れた財政課時代

財政課で最も大きな業務は、1年に一度行う当初予算編成です。私は5年間で総務企画局、市民局、経済振興局、農林水産局、港湾局などを担当しました。

当時、福岡市はまだ「一件査定」が採用されており、予算編成では自分が過去に業務経験のない職場の施策事業について、その要不要を判断し、査定を行うことに戸惑いを感じながら、原課から提出された分厚い予算要求調書と格闘する毎日でした。

最初のうちは、施策事業を担当し、現場をよく知っている原課の職員と対峙し、その予算要求の主張を覆すために、どれだけ情報収集し勉強するかということばかり考え、とにかく無駄と思う部分を切り刻むことに注力し、激しい議論もずいぶんやりました。今思うと、そこで削ったお金がどこにいくのかも考えず、またそこで予算を削ることが現場にどのような影響が現れるのか、現場の職員がどのようなモチベーションやフラストレーションを持つのか、ということについて、ほとんど意識できていなかったように思います。恥ずかしい話ですが。

■財政が厳しくても財政課が厳しくてはいけない

そんなときに当時の課長から私はこう指導されました。

「財政が厳しいからと言って、財政課が厳しくしてはいけない」

財政状況が厳しいときだからこそ、その逆境をどう乗り越えるか、財政課だけでなく現場にも知恵を絞ってもらい、一緒に考えなければいけない。そのためには、財政課の職員が現場に厳しく接して高い壁をつくり、相談を持って来られなくなるようなことがあってはいけないし、現場で知恵を絞るモチベーションを失わせてはいけない。私はこの言葉を今でも心に刻み、財政出前講座でも時々この言葉を紹介しています。

この指導を受けてから、私はなるべく現場から相談を受けやすいように、また、現場で知恵を絞りやすいように、相手方を一方的に論破し高圧的な査定を言い渡すのではなく、現場と一緒に考える査定ができるよう、話の聞き方や議論の組み立て方を変えていきました。そういうやり方に変えてからは、現場からの相談もたくさん受けるようになりましたし、一緒に建設的な議論をするなかで互いに仲が良くなり、現場で起こっているさまざまなことを教えてもらえるようにもなりました。

■枠配分予算が招いた混乱

２００４年（平成16年）に福岡市は「枠配分予算方式」を採用しました。市民に近い現場に裁量権限を委ね、より効率的で効果的な予算編成を局・区の自律経営で行うというもので、現在の福岡市で実施している枠配分予算方式と理念は全く同じです。私もこの考え方に賛同し、現場のことをよく知っている原課の職員が自分たちで予算を編成できる仕組みの導入によって、よりよい予算ができると信じていました。

しかし、現実はそう甘くありません。配分された財源が少なくその範囲内で予算を組むことができないという声が殺到したのです。当時の枠配分予算方式には、今のような「ビルド&スクラップ」の考え方はまだ取り入れられておらず、経常的経費中心の枠配分予算に一律のシーリング（圧縮）をかけ、そこで浮いた財源を財政課がプールして、一件ずつ査定する枠配分予算対象外の重点事業に充てる仕組み。このため、枠配分対象の予算圧縮が生み出す財源を現場で自由に使うことができない仕組みだったこと、また、そのような方式で予算編成を行う前提としての財政状況の共有や自律経営の意義の周知徹底、それを支える人材の育成などが十分行われていなかったことが原因だと今振り返って思います。

ただ、当時はそこまでの分析はできず、どうして枠配分予算方式がうまくいかないんだろうという思いだけが募り、財政課と現場との溝に悩むことになりました。また、財政課と現場の間に立って板挟みになる各局の財務担当課の職員さんが疲弊していくのは見ていてつらいことでした。

■査定なき財政課を目指す

財政課に5年在籍するなかで、私はほとほと財政課の仕事が嫌になりました。一向に減らない長時間の残業。厳しい財政状況の中で「要るものは要る」「ない袖は振れない」を繰り返し、市役所というコップの中の争いを繰り返す財政課と現場。市民に喜ばれる施策事業の実施は現場の手柄となり、事業の廃止縮小や予算の削減は財政課のせいにされる。血眼で財源を探し、査定に明け暮れ、命を削るような思いで毎年度の予算を組み上げても誰からも喜ばれない財政課の仕事は、市役所の中心で政策決定の核心を担っているという自負だけではとても耐えられるものではありませんでした。

5年経って、ようやく異動のチャンスがめぐってきたときに私は後輩たちに自分の思いをメモに書き残しました。5年の間に自分では成し遂げられなかった財政課の改革を後輩に託したのですが、いくつか書いたなかに「査定なき財政課を目指す」としたためていたのです。

査定なき
財政課を
目指す

理念では大賛成でしたが実際にはうまく運用できていない枠配分予算方式をどうにかして改善し、配分された枠の範囲で各局・区が自律的に予算編成を行えるようにすること。その実現の暁には、財政課は個々の施策事業の査定を行うのではなく、全体最適の観点から各局区にどれだけの財源を配分するかを考え、制度全体を運用していく。そんな「査定なき財政課」を夢想して、２００７年（平成19年）３月、私は財政課を卒業しました。当時は「もう二度と戻ってくるもんか」と心に誓って。

3　「対話」への目覚め

■外の世界への憧れ

財政係長時代には、財政課の仕事だけでなく、市役所自体に嫌気がさしていた時期がありました。

当時、財政係長として所管していた局の第三セクターの経営危機やＰＦＩ事業の破綻など、市が手掛けた民活事業が危うくなる事態が立て続けに起こりました。私はその事後処理を担当しながら「市役所が手掛けた仕事がどうして失敗したのだろうか」と思っていたのですが、当時一緒にその仕事を担当していた同い年の部下から「なんでこんな稟議が通っちゃったんですかねえ」と冷ややかに突き放されたのです。彼は民間企業からの転職組。経営危機に瀕している第三セクターも破綻したＰＦＩ事業も、金融の世界に長くいた彼からすれば、もう少し手の打ちようがあったのではないかというのです。もちろん彼の主張はすでに起こった結果から原因を分析する過程だから言えることなのですが、発言の当否よりもそのようなことを言い放つことができる彼が持つ、民間企業経験者だから当たり前のように持っている経済や金融に関する知識、ノウハウ、感覚が自分には備わっていないことが心に刺さりました。

この部下とはたまたま同い年でありながら、大学卒業後の人生経験が異なることでものの見方も感じ方も違うことに衝撃を覚え、大学卒業後すぐに市役所に入り、公務員生活一筋だった自分の人生に不安を覚えました。一時は転職を考えたほどです。そのくらい役所ムラの外側の世界に憧れを持ったことが、私の第二の転機へとつながるのです。

■早稲田で考えたこと、ポートランドで考えたこと

2008年（平成20年）4月、私は東京財団が主催する市区町村職員派遣研修プログラムに参加。福岡を離れ、東京とアメリカで全国の自治体から志望した自治体職員や大学生と一緒に半年間、地方自治やプロジェクトマネジメントなどを学ぶ研修生生活を始めました。

入庁以来17年間の市役所生活でたまりにたまった垢を落とし、外の世界から自分の仕事や組織、自分のまちを客観的に眺めることで、限界を感じていた自治体職員としての自分の殻を破りたい。そういう気持ちで3年間アタックし続けた研修にやっと参加することができたのです。

この研修は本当に私の人生を変えました。研修の前半、4月から7月までは早稲田大学の公共経営研究科で大学院生と一緒に講義を受け、地方自治や組織経営について学び直し、18歳から4年間通った大学生

活の数十倍の学びと気づきを得ることができました。また、研修の後半は、全米一住みやすいまちと評価の高いオレゴン州ポートランドに50日間滞在し、日米の地方自治の仕組みの違いや行政運営への市民参加について日々の体験を通して学び、異文化コミュニケーションやファシリテーションについても身に着けることができました。

社会人になって17年。39歳という年齢を忘れるほど毎日精力的に動き回り、よく学びよく遊び、よく考えよく語った半年間。そこには18歳の学生時代とは全然違う、自分から求めて学ぶことの楽しさに満ちあふれた半年間でした。ここで日々深く考え、勉強し、友人や先生方と議論し、たくさんの刺激と叱咤激励を受けたことが、それまで本当にどこにでもいる普通の自治体職員だった自分の殻を破り、今の自分を形づくったと言えます。

■あれだけ嫌だった財政課を卒業したのに……

東京財団の研修では、半年間かけて自分のまちが抱える課題を解決するプロジェクトを立案し、研修終了後にそれを自治体に持って帰って実現する、というプログラムになっていました。他の研修生が社会福祉や地域コミュニティなど多彩なテーマでプロジェクト立案に取り組むなか、財政課を卒業したばかりの私が掲げたテーマは「庁内分権による予算編成手法改革」でした。

5年も在籍して財政課でたくさんのつらい経験を積み、すっかり嫌気がさして卒業を切望した財政課をやっと離れ、自分の好きなテーマでまちづくりのプロジェクトを立案できる環境にありながら、私は「財政」をテーマに選んでしまったのです。

当時、私は枠配分予算制度がどうしてうまくいかないのか、どうやれば現場に権限を委ねる自律経営ができるようになるのかという問いが頭を離れず、他の行政分野でのテーマ設定よりもそちらへの関心が高く、取り組む意欲にあふれていました。5年間の財政課生活で実現できなかった「自律経営」への思いが捨てきれなかったのでしょうか。むしろ、私をあれだけ苦しめた財政課のありように対して「このままでいいはずがない。絶対に変えてやる！」という怨念めいた心情が私の中に渦巻いていたということなのでしょう。

■「対話」が全てのカギになる

私は、半年間の研修の成果として「予算編成に関する庁内分権プロジェクト〜市民の目線に立った創意工夫を発揮するために」をまとめました。詳細な設計は異なりますが、私が後に財政調整課長になり、自ら実施した「枠配分予算制度」の改革案は、この時あらかた完成していたのです。

その改革案の根本思想は「対話」による意思疎通と情報共有、そしてそれらに裏打ちされた相互理解をベースとした「責任分担」でした。財政状況、将来見通し、どこにお金がかかっているのか、これからどこに注力すべきなのかを全庁的に共有し、そのうえで市民に近い現場に権限と責任、財源を委ね、それぞれの組織にあらかじめ与えられた使命の実現、期待される効果の最大化に努める仕組みの基礎に「対話による相互理解」を置いたのです。

当時のプレゼンテーション資料の冒頭にこう記しています。

「私は、福岡市役所で5年間財政局に在籍し、予算編成業務に携わってきました。財政局は市が行う様々な施策・事業に関する意思決定の権限が集中する、責任の重い多忙な職場です。福岡市は現在非常に厳しい財政状況にあり、予算編成を巡る市役所内部での意見調整もまた非常に厳しい状況で、繁忙期には毎日深夜まで喧々諤々の議論が交わされます。しかし、内部の意見調整に費やすこの膨大な作業時間が、そのまま市民の幸せに結びついているのかは、疑問です。私は、多くの職員が労力をかける予算編成作業が、市民の幸せにきちんと結びつくための方法を考えたいと思います。」

苦しかった財政課生活を変える鍵が「対話」だっ

たのです。

■再び財政課へ舞い戻る

研修終了後、私は財政課に戻るのではなく、スポーツ振興や庁内の総合調整など、まったく別の分野での仕事を任されることになりました。せっかく研修期間中に立案した枠配分予算制度の改革を実現することなど、日々の仕事の忙しさでまったく思い出すこともない生活が続きましたが、研修終了から3年半が経った2012年（平成24年）4月、私は財政調整課長として5年ぶりに財政の世界に舞い戻ることになりました。

5年ぶりに戻った財政調整課では、一層厳しさを増す財政状況の中で安定的な財政運営を行うために、財政健全化プランを全面改訂することになっていました。その策定過程で、市職員向けに始めたのが「財政出前講座」であり、3年半温めた「枠配分予算制度」の改革だったわけですが、着任後直ちにこれらの取り組みに着手したわけではありません。私が5年前に後輩たちに託した「査定なき財政課を目指す」というメモも当時のまま残されていましたが、それを実現するにはある偶然のきっかけがありました。

研修終了後、常に自分の中にあった根本理念「対話による相互理解」をメインテーマとして掲げ、行動する瞬間が、意外なかたちでやってきたのです。

4　人生を変えたのは「ゆる〜い対話の場」

■人生の転機となった「禁酒令」

２０１２年（平成24年）の５月21日、私の人生を変える出来事がありました。市長が市職員全員に対し自宅外の飲酒を自粛するよう要請した、いわゆる「禁酒令」です。２００６年（平成18年）の８月25日、福岡市職員の飲酒運転による悲惨な交通事故で３人の幼い命が奪われたことを契機に、福岡市では飲酒運転撲滅のための取り組みを市が率先して行っていましたが、事故から６年が経過した当時、再び市職員の飲酒運転事案が連続して発生、そのほかにも飲酒がらみの職員不祥事が相次ぎました。このため、飲酒に起因する不祥事について職員一人ひとりが「自分ごと」ととらえ、内省するための期間として市長は全ての市職員に１か月間の飲酒自粛を要請したのです。

職員の間に動揺が走りました。

なぜ連帯責任みたいなことをさせられるのかという怒りや当惑、あるいはここまで市役所の信用が失墜してしまったことへの嘆き、どうすればこの失地を回復できるのかという前向きな思考、あるいは市役所はもう駄目だという諦めに似た失望も。私も全職員が市長から飲酒自粛を要請されるという事態に気持ちの整理が全くできずおろおろしていました。

この前代未聞の事態を職員としてどう受け止めればいいのかを誰かと語り、自分の気持ちの整理をしたいと考えた私は、この日、オフサイトミーティングを開催することにしました。職場や立場を離れ、自由な意見を語り合うオフサイトミーティング。これまで自分で開催したこともなければ、福岡市役所で誰かが似たような場づくりをやっていたわけでもありません。当時私は財政調整課長でしたが、職務上、この問題を解決する立場でもありませんでした。ただただ、この異常事態を一人で受け止めることができず、誰かとこのことを語り合い、今の自分の動揺を誰かと分かち合いたい。そんな気持ちで自分が言い出しっぺとなり、第1回オフサイトミーティング「何とかしたい人全員集合！」を開催したのです。

■「何とかしたい人全員集合！」から「明日晴れるかな」へ

オフサイトミーティング「何とかしたい人全員集合！」は、飲酒自粛要請の期間が終了する6月20日までの1か月間で6回開催されました。

最初のうちはこの異常事態をどう受け止めるか、どう行動すべきか、といった建設的な意見から、不祥事なんてなくなるはずがない、連帯責任なんておかしい、といったこの事態を否定的にとらえる意見まで幅広く喧々諤々の議論が交わされていましたが、回数が進むにつれてだんだんと話題は不祥事や飲酒といった案件から離れ、職場で起こっているさまざまな出来事への不満や愚痴、同じ境遇を抱えている者同士の連帯、まったく異なる職場間での情報共有など、特にテーマを定めないフリートークが多く見られるようになりました。

そうやって1か月の飲酒自粛要請期間が終了したときに参加者の間から出た声が「こうやって職場や立場を離れ、酒も飲まずにゆる～く対話するのっていいね」というおほめの言葉。この「ゆる～い対話の場」を今後も継続しようと発足したのが、6年経った今も継続し、すでに200近くもの回を重ねている『明日晴れるかな』福岡市のこれからを語るオフサイトミーティング」でした。

■「明日晴れるかな」が教えてくれたもの

月におおむね3回、不定期で開催される市職員同士のゆる～い対話の場は、テーマを定めずただそこに集まった者たちが語りたい話題を語るだけ。私は言い出しっぺとしてこの場に身を置き、6年間会場の鍵を開け続けるなかで、いろいろな職場、職種、年齢の市職員との対話を重ねてきました。

そのおかげで自分の職位や職責という立場の鎧を脱いで、素のままの自分としていろんな方々と接することができるようになりました。また、オフサイトミーティングの場に多様なメンバーが集まり自由気ままに対話を楽しむことができるよう、ちょっとした気配りやファシリテーションの技術で誰もが気軽に対話を楽しんでいただける場づくりを心掛け、実践できるようになりました。

Ｐａｒｔ４で書きましたが、初めての財政出前講座のきっかけになったメールのやりとりで、職員専用掲示板に貼り付けた資料がわかりにくいので説明に来てほしい、と言われて「はい、わかりました」と二つ返事で引き受けることができたのは、オフサイトミーティングで誰とでも対話でコミュニケーションを図ることができる自分を発見し、すでに自信を持っていたからだと思います。

もしあの時、「明日晴れるかな」オフサイトミーティングをやっていなかったら、たぶん見ず知らずの職員からの求めに対して、即座に出前講座という形で対応することはなかったのではないか。そう思うと、この年、たまたま衝動的に禁酒令を契機とした対話の場づくりに自分がかかわったことで、当時担当していた財政調整課の仕事のうえでも対話重視に自然と取り組むことができるようになったという運命的な偶然に驚かずにはいられません。

いわゆる禁酒令については当時さまざまな意見がありましたが、私はこの事件があったことで「ゆる〜い対話の場づくり」を手掛けることができ、そこから「財政出前講座」や「局・区の自律経営」、そして現在のような「出張財政出前講座」の全国展開と、次々と自分の人生が開かれていったことに対して、運命的なものを感じますし、そのことに対して感謝の気持ちも持っています。

■「対話」がつないでくれた外の世界

オフサイトミーティングで培った「対話」を楽しむ気持ちと、その対話の場に集まるさまざまな立場の方々との出会い、交わりは私にたくさんのものを与えてくれました。先ほども書きましたが、オフサイトミーティングがなければ財政出前講座を始めることはなかったかもしれません。

またオフサイトミーティングでは、普段の仕事では出会わない職場や職種の方とも気軽に情報交換ができ、市役所のいろいろな場所で起こっているさまざまな出来事やそれを職員がどう受け止めているのかといった情報に生で触れることができ、個人的にずいぶん重宝しています。オフサイトミーティングでは時々福岡市職員だけでなく他の自治体職員や民間人も参加可能なイベントを開催することもあり、そういった場を通じて自治体の垣根を超え、あるいは自治体職員と民間人の境界線も超えていろいろな立場のいろいろな方と、自治体職員という肩書、立場をいったん脇に置いてざっくばらんな意見交換や対話を楽しむことができるようになりました。

こうした外の世界とのチャンネルが飛躍的に増えたことで、自分の情報源や交流・行動の範囲が各段に広がりました。今、出張財政出前講座として全国各地からお声がかかるのも、オフサイトミーティングがつないでくれた外の世界からです。まさに「対話」が自分の人生を変えてしまったのです。

5　講座を育ててくれた熱心なフォロワー

■みんな黙って舟をこぐ

「現場との対話」を前面に打ち出したことで、いろいろな職場から出前の注文をもらうようになり、「財政出前講座」は財政課と現場とのコミュニケーションの手段として定着していきました。

しかし、今でこそ冒頭から最後の締めまで4時間半もの講座を流れるようにこなす私ですが、市職員向けの出前講座を始めたころはパワーポイントのテキストをめくりながら「1ページをお願いします。まず、福岡市の歳入の内訳ですが……」と、真面目な座学の講座を90分延々と話し続けるスタイルで、悲しいかな、話し始めて10分、15分と経つうちに一人、また一人とゆらゆらと舟をこぎ始める「睡眠学習」でした。

それでも眠気を我慢して最後まで聞いてくれた職員さんから「面白かったです」「よくわかりました」というおほめの言葉を聞いてついつい調子に乗っていたわけですが、その一方で私は一人悩んでいました。

「どうすれば、聞いていて眠くない講座になるだろうか」

そんなとき、私の講座を変える第一の転機が訪れます。

■今日、聞きたいことはなんですか?

ある出前講座での出来事です。「明日晴れるかな」オフサイトミーティングで懇意にしていた若手・中堅職員が主催する自主研究グループが、私に出前講座の注文をくれました。彼らは「今回の出前講座ではいつもとスタイルを変えるので臨機応変に対応してほしい」と私に注文をつけてきました。

オフサイトミーティングでいろいろなワークショップを一緒にやっていた彼らがどんな場を用意するか楽しみでしたが、彼らが用意したのは「ワールドカフェ」。5〜6人ずつが一つのテーブルに座り、ファシリテーターが用意した「お題」について自由に意見を交換。そこで出た意見をテーブルの上に広げた模造紙にメモとして書き残し、一定の時間経過ごとに席替えをしながら意見交換を重ねていくというワークショップのスタイルです。一方的に講師が講義を行う財政出前講座にこのワールドカフェのスタイルをどのように取り入れるのか興味津々でしたが、それは彼らの用意したお題で明らかになりました。

「あなたは財政課長になりました。今から今村さんから引継ぎを受けなければいけません。あなたは今村さんに何を聞いておくべきだと思いますか？」

会場に集まった若手職員たちは、思い思いに財政課長として知っておきたいことを語り、それを模造紙に書き記していきます。

「財政課が何をしているのかわからない」

「予算って誰がどうやって決めているのか」

「そもそも財政の〝ざ〟の字もよくわからない」

私は思い知らされました。ほとんどの職員は財政の〝ざ〟の字も知らない。予算は歳入と歳出が同額となっている収入支出の計画だということもよくわかっていない。私は自分の講座で職員が次々に眠りにつくわけを即座に理解したのです。

この「お題」でのワールドカフェは1時間続き、模造紙には財政課長を引き継ぐうえで知っておきたい、財政に関する「？」がたくさん書き記されました。その模造紙が張り出され、ファシリテーターを務める後輩職員が私に言いました。

「今村さん。これだけ皆さんから知りたいこと、聞きたいことが出てきました。残り1時間は今村さんにお任せしますので、時間の限り答えてください。」

職員
立場
出張財政
出前講座

私がテキストを開いていつもどおりの講座を行うことができなかったのは言うまでもありません。

この日から私は、講座の冒頭に「今日、聞きたいことはなんですか？」と必ず受講者の皆さんにお尋ねするようにしています。そこで出てきた受講者の「？」に答えながら講座を進めるスタイルはここからはじまりました。

そしてＰａｒｔ１でお話しした「財政課の職員のこと、好きですか？」の問いかけへと続くお馴染みのスタイルになっていったのです。

■「出張」財政出前講座のはじまり

福岡市職員向けの出前講座を年20回ほどこなすようになり、すっかり市役所内で定着してきたある日、私に新たな依頼が舞い込みます。それは２０１４年（平成26年）８月、長崎県諫早市で初めて「ＳＩＭ熊本２０３０」を体験した日のこと。当時は、財政出前講座は福岡市職員向けにしか行っておらず、「ＳＩＭ２０３０」とのコラボレーションもまだ生まれていない時代です。諫早市の職員さんが私の福岡市役所での活動を聞きつけて「今村さんの財政出前講座、諫早でもやってもらえませんか？」と持ち掛けてきたのです。

福岡市の職員向けに福岡市の財政状況を説明し、福岡市での財政健全化の取り組みを語ることが、長崎県諫早市の職員さんたちに役に立つのだろうか。人口も予算規模も産業構造も違う自治体の財政の話をしても意味がないのではないか。しかし諫早市の財政のことを今から勉強して資料をつくるのも……。いったんは躊躇しましたが、なんとなくおだてられてその気になり、頼まれているのだからきっと何か得てくれるに違いないと依頼を引き受け、その年の9月に諫早市に初めての「出張」財政出前講座に出向くことになりました。

いつもと同じ福岡市職員向けの資料で、いつもどおりに福岡市役所で話している内容を90分お話させていただきましたが、そこで私は重要なことに気づきました。自治体財政はどこも厳しい状況ですが、その構造や現状、将来見通し、何にお金が使われていて、どうしてお金が足りないのか、という根本の課題はほとんど同じで、その解決のために取り組むべき方策も実は同じなのだということです。

私は、諫早市の職員の皆さんの反応を見て感じました。私の話している講座にはどこの自治体でも当てはまる普遍的な内容が含まれていること。規模の違う、地域の違う自治体の職員や市民に対して福岡市での講座の内容を語ることで、喜んでもらい、理解してもらい、その地域で何らかの行動を起こしてもらうきっかけになるのだということを。

諫早で始まった「出張」財政出前講座は、その後口コミで全国各地に広まり、翌2015年（平成27年）から私の全国行脚の旅が始まりました。諫早の皆さんとの出会いも、そこから口コミで広がったネットワークも、全てオフサイトミーティングがつないでくれたご縁。ふとしたきっかけから始めた「ゆる〜い対話の場」は、思わぬ人生の転機をもたらしたのです。

■欲張りなワガママが生んだコラボレーション

90分の座学でしかなかった財政出前講座が、今のように自治体経営シミュレーションゲームＳＩＭ２０３０と合体し、一つのプログラムになったのも本当に偶然の産物でした。

２０１５年（平成27年）６月、大分県別府市での出張財政出前講座を受講しにお隣の宮崎県からやってきた延岡市の職員さんが、延岡での出張財政出前講座を私に依頼しました。依頼の内容は通常どおりの90分の座学での講座出講でしたが、彼にはもう一つの野望がありました。それはその前年、熊本で誕生した「ＳＩＭ熊本２０３０」の体験会を延岡で開催したいというものでした。

当時、私も「ＳＩＭ２０３０」の体験会を自分で主催したいという気持ちがあり、延岡で機会があるのなら自分も参加したいと考え、出てきた発想が「だったら、一緒にやっちゃおう」という軽いノリのものでした。

延岡での開催にあたっては、鹿児島県鹿屋市の職員さんが「ＳＩＭ熊本２０３０」を鹿屋市版にアレンジした「ＳＩＭかのや２０３０」を準備し、私が福岡生まれの財政出前講座を持ち込みました。財政出前講座と「ＳＩＭ２０３０」、二つのコンテンツの時間配分を考えるうえで誰が言い出すともなく「財政出前講座を前半と後半に分け、間に『ＳＩＭ２０３０』を挟もう」ということになりました。当時、財政出前講座は座学で90分でしたが、60分経過したところで短い休憩をとるようにしていたからです。この本で言えば、Ｐａｒｔ１とＰａｒｔ２で60分経過。そのあと小休止後にＰａｒｔ４に入るという流れ。それを、

Ｐａｒｔ３の「ＳＩＭ２０３０」のゲームを通じて「自治体にお金がない」こと、そして「新しいことをやるために今やっていることを見直す」ことを2時間かけて体感してもらう、今の講座スタイルが確立したのです。

これは私にとって本当に貴重なイノベーションの創出でした。それまでは、財政出前講座で「ビルド＆スクラップ」をいくら説いても「理屈はわかりますが、実際にそれはどうやって実現するんですか」という質問をよく浴びせられていましたが、財政出前講座の前半と後半の間に「ＳＩＭ２０３０」を挟み込むサンドイッチ方式なら、ゲーム終了後の振り返りで「今、皆さんがやったのが『ビルド＆スクラップ』ですよ」と説明できる。

熊本生まれの「ＳＩＭ２０３０」を福岡生まれの財政出前講座に組み込むことで、講座がわかりやすくなり、ゲームを通じて座学の内容を体験する楽しさのおかげで、これだけ全国からお声がかかる人気講座になったというのは実はひょうたんから駒、軽いノリでやってみた偶然の産物だったのです。

6 全国区となった「出張財政出前講座」

■全国の仲間が出前講座の営業マン

２０１５年（平成27年）以降、私の「出張財政出前講座」には北は東北から南は沖縄まで、全国各地からオファーが舞い込むことになりました。私が自分であちこちに行きたくて自分で宣伝しているわけではありません。全て私の講座を受講した方がＳＮＳで拡散してくれたおかげです。３年半で90回という回数も驚異ですが、それだけの回数をこなしても衰えることがないのは、すでに全国に張りめぐらされたネットワークがあったからこそです。

今、全国で、自治体職員を中心とした人財ネットワークが組織化され、その活動が活発化していますが、彼らの新しい情報をキャッチする感度、面白そうなこと、ためになりそうなことなら労をいとわぬ情熱と行動力、そしてその情報を発信し、あるいは実際に出前講座を企画開催しそこに多様な人財を集わせる「つながり力」に支えられて、出張財政出前講座はここまで拡大しました。まさに全国各地の営業マンが競って販路を拡大していただいたおかげだと思います。

■全国への普及拡大を支えた人財ネットワーク

「ＳＩＭ２０３０」と「財政出前講座」の普及拡大は、九州を愛する者の人財ネットワーク「九州まちづくりオフサイトミーティング（九州ＯＭ）」なしには語ることができません。九州ＯＭは、２０１３年（平成25年）の結成後、定期的な交流会とオンラインでの情報交換を通じて互いを刺激しあう貴重な場を提供していますが、Ｐａｒｔ３でもご紹介したように「ＳＩＭ２０３０」は２０１４年（平成26年）８月に熊本で開催された九州ＯＭの交流会で披露されたことをきっかけとして、その参加者が各地で普及拡大を図り、全国へと広がっていきました。また、「出張財政出前講座」も九州ＯＭを契機に福岡市との交流が始まった長崎県諫早市の発案であり、九州ＯＭの結んだ縁のおかげということができます。

　さらに、九州ＯＭ創設のモデルであり兄貴分の「東北まちづくりオフサイトミーティング（東北ＯＭ）」をはじめ、各地で行われているオフサイトミーティング（ＯＭ）や勉強会などの自主研究グループの活動が近年勃興しています。それぞれの活動が活発化し、相互に連携を深めているなかで、その連携で培われた人財ネットワークが、それぞれの地域や組織を超えて存在感を示したのが、２０１５年（平成27年）に起こった「ＳＩＭ２０３０」と「出張財政出前講座」の全国展開でした。

■ツボにはまったキラーコンテンツ

　これまでも全国各地で行われてきた自治体職員を中心とするＯＭ、自主研活動において、共通するコンテンツとして２０１５年（平成27年）に突如大流行したのが自治体財政をテーマにした「ＳＩＭ２０３０」と「財政出前講座」であった点は注目に値します。

　ゲームとして手軽に楽しみながら学ぶことができる「ＳＩＭ２０３０」、「わかりやすさ」を追求し「対話」で財政運営の何たるかを語る「財政出前講座」というコンテンツは、学習意欲が高く、改革の志を持つ全国のＯＭ、自主研仲間のツボにはまり、すでに全国に張りめぐらされていた人財ネットワークを介して瞬く間に普及し、それぞれの地域、組織で、自治体経営を理解しようという場での活用、あるいは市民と行政、市民同士の「対話」によりまちづくり活動の場への浸透が始まっています。

昨今の全国のOM、自主研活動の勃興、連携のうねりの中に、その誰もが求めていたキラーコンテンツが出現したことで、これまで縁遠いとされてきた「財政」への関心と理解が深まる大きな契機になり、そしてそのムーブメントの一翼を、どこにでもいる普通の自治体職員だったはずの自分が担っている。

不思議な縁の導きで全ての歯車がうまくかみ合い、世の中が大きく動き出したように思います。

■「出張財政出前講座」が全国各地でウケるわけ

福岡市職員向けに行っていた講座内容をそのまま他の自治体の職員や市民に対して語ることに意味があるのかと半信半疑だった「出張財政出前講座」がいずれの場所でも評価いただいたのは、「財政出前講座」というかたちで財政状況を職員や市民と情報共有することの意義そのものです。

積極的な情報共有の場を自ら創り、その場で「財政」という難しいテーマを「わかりやすく」解説することで、財政の現状と課題という客観的な情報を伝達するだけでなく、何のために財政健全化に取り組むのかという目的意識を一人でも多くの人と共有し、同じ方向を向きたいというメッセージを、全国の皆さんに受け止めてもらっています。

この思いが伝わり「一人ひとりができることはなんなのか」を各自が考え、各々の持ち場で取り組むこと、組織全体あるいは職員と市民が協働してこの難局に立ち向かっていくことができるという手ごたえを、講座のたびにいつも私は感じています。

出張財政
出前講座
できることは？
組織全体
職員・市民が
協働して立ち向かう

■人寄せパンダとして

全国各地に出前の旅に赴くうちに、この出前講座には二つの側面があると思うようになりました。一つはもちろん、財政の話、自治体経営の話、さらには対話によって対立を乗り越えるという考え方など、受講者の方々に私が講座で伝えたいことを伝える、という本来の目的の部分ですが、もう一つは「人寄せパンダ」としての意義です。

私に出講を依頼される方の多くは、その地域で何かしらの問題意識を持ち、改革の風を吹かせようと意欲を燃やしている方々です。そういった方々からよく聞こえてくるのは「出前講座開催をきっかけに仲間が増えた」という声です。私が出前に行くことをきっかけに、開催の準備や当日の参加者などのメンバーを募り、講座開催という共同体験を通じてそのつながりが広がり、交わりが深くなり、講座が終わった後に次の行動を考え、実践できる仲間づくりになったというのです。

役所の中での自主研究グループの活動メンバーの増加だけでなく、市民や議員も参加する出前講座での対話経験を通じての官民の垣根を越えた人間関係の構築や、近隣自治体同士での自治体の境界を越えた地域連携が始まっているケースもあり、そのようなネットワークを生む場づくりのコンテンツとして、私の講座を活用いただいているということも大変うれしく、意気に感じているところです。

7　「財政出前講座」はどこへ行く

財政課の職を離れて2年半。未だに衰えることのない財政出前講座の人気にいろいろな心配をしてくれる人もいます。

■ワーク・ライフ・オフサイトバランス

「仕事はきちんとやっているのか」

「家族は理解してくれているのか」

安心してください。ちゃんとやってます。

財政調整課に在籍しているときは、市職員向けの財政出前講座は職務として行っていましたが、他の自治体への「出張」財政出前講座は業務ではないのでプライベート扱い。財政調整課を卒業してからは全ての出前活動がプライベートのオフサイト活動となりました。

平日に自治体職員の研修講師としてお招きに預かる場合は、当然年休取得で仕事場に穴をあけてしまいます。自主研究グループ等の有志が主催するものは休日が多いですが、土日に家を空けることで家族に迷惑をかけてしまうという面もあります。

一時期、舞い込むオファーを全部引き受け、仕事との両立、家事との両立で首が回らなくなったこともありましたが、自分の中で優先順位をルール化し、請け負う回数、頻度の上限を決めることでバランスを保つようにしています。その結果として、全国からお声がかかるなか、その声に全てお応えすることができないのが本当に心苦しいのですが、職場や家族の理解を得られなければ財政出前講座の活動そのものを持続できなくなってしまいます。

それでも当然、職場にも家族にも迷惑はかけていますので、普段の仕事、あるいは家族とのコミュニケーションには全力投球です。いざというときに気持ちよく出張財政出前講座の旅に送り出してもらえるためにも、仕事も家庭も手を抜かない。むしろ出張財政出前講座に行っているから仕事や家庭がおろそかになっていると言われないために、やるべきことはきちんとやる。当たり前の話ですが、それがこの活動を継続できる秘訣だと思っています。

■芸は身を助く

「本当に普通の自治体職員ですか？」

私の講座を受講された方からはこんなありがたいほめ言葉も時々いただきます。

本当に普通の自治体職員です。一芸入試採用や講師専門職ではありません。確かに人前で話すのは昔から好きでした。なりたかった職業は、「落語家」「声優」「役者」と人前で何かを演じるものばかり。高校時代は演劇部に所属していましたが、自治体職員になってから20年以上が経過し、まさか今ごろ、昔取った杵柄が役に立つとは思いも寄りませんでした。人生には無駄がないです。あるいは、三つ子の魂百まで。

Work Life Offsite!
全力投球!

人はいつか自分のなりたかったものになるということなのかもしれません。

ただ、昔演劇部だったから舞台に立つのに慣れているというわけでは決してなく、講座を受けた方ならご存知の「立て板に水」の流れるようなステージはまさに場数の賜物です。これまで6年間で170回もの舞台をこなすなかで、観客の皆さんの温かい叱咤激励に支えられ育てられてここまできたと思っています。最初からこの領域に達していたわけでなく、講座の中で反応のよかったことを反復し、ウケなかったネタはお蔵入り。毎回毎回新たなネタを仕込んで自分のしゃべりに磨きをかけていくことでここまで芸を磨いてきたというわけです。

私が本を書くほどまでに講座が続いているのも、全てはお客さまのおかげ。170回の講座のそれぞれで私の話に耳を傾けていただき、笑ったり、うなづいたり、ためになったとお声をかけていただいたり、時にはわかりにくかったと苦言を頂戴したり。そういうリアクションが全て血肉となって、回数を重ねるごとに講座の内容や表現をバージョンアップしてきた結果、その内容を出版するというたいそうな話にまで成長させていただいたことを大変ありがたく思っています。

■出前講座は「副業」ではなく「複業」

自治体職員である私がこのような活動を行っていると「副業」の問題に必ず行き当たります。もちろん、法律で制限されている自治体職員の副業についてはしっかりと認識しており、この出前講座などの活動が関係規定に抵触しないよう、必要に応じて許可もとっています。「自治体職員の副業」の是非についてここで改めて論じるつもりはありませんが、こういう活動をしていると「本業をおろそかにしている」「本来自治体職員は副業が禁じられているはず」という的外れな批判を受けることもあり、大変残念に思います。

個人的な意見ですが、私は自治体職員の「複業」はもっと推奨されるべきだと思っています。本来の収入とは別に「副収入」を得るための「副業」ではなく、自治体職員として与えられた役職、職務分担を離れ、個人の能力や人脈を活用しながら、自治体職員として与えられた立場では実現できないもう一つの自己実現を図る「複業」。与えられた職務の範囲では活用できない能力の活用で社会の役に立てるだけでなく、視野を広げ、人脈を広げ、仕事の自分とは違う軸足の生活を送るなかで、自治体職員としての生活だけでは見えないもの、聞こえない声に気がつき、そこから自治体職員としての生活がますます豊かになるということが現実にあります。

私はこの活動を通じて、財政課を離れた今も自分が財政課時代の職務で培った知識やノウハウを多くの方に知っていただき、世の中の役に立てていることを大変うれしく思っています。また、その場で出会うことができる全国津々浦々のさまざまな立場の方々との交流、意見交換を通じて、自分の視野を広げ、知識や情報を吸収し、いろいろな刺激を受けて成長してきたという自負があります。そういう交流の中から、現在担当している仕事に役に立つ情報に出会ったり、自分の周りにいる市役所内外の人脈をつなぎ合わせて新たなチャレンジの糸口を見つけたりということが増えてきています。

自治体職員は、全体の奉仕者として公明正大であるべきとの考え方から、民間人との付き合いを避け、組織の中に閉じこもりがちですが、本当にもったいない話だと思います。私のような異端児が自治体職員の「複業」に風穴を開けることで、もっとたくさんの自治体職員の皆さんが、本来の職務以外に自分の能力を活用し社会の役に立つ「複業」の世界に足を踏み入れてもらえたら。そんなことも考えながら「複業」ライフを楽しんでいる毎日です。

この本をお読みの自治体職員の皆さんも、もう一つの自分、探してみてはいかがでしょうか。

■なぜ財政出前講座に情熱を注ぐのか

6年間で170回も財政出前講座をやり続けてきた私ですが、なぜここまで精力的に、ある意味何かにとりつかれたようにこの取り組みを続けることができるのか、その原動力はどこにあるのかと聞かれることがよくあります。つい最近までは、そう聞かれても即座に答えが出ず、なぜだろうと自問自答したりしていました。

この本の冒頭でも書いたように、私の「財政出前講座」は財政の専門知識を体系立ててレクチャーするわけでもなく、こうして出版物として再現してみても財政の入門書としての役割はほぼ果たしません。今回の出版にあたり改めて稿を起こし、自分が普段話していること、時間が足りなくて話せなかったことをまとめてみると、実は「財政」の話がメインテーマではないということが明らかになっているのがおわかりでしょうか。
そうです。私は「財政」のことを語りたくて出前講座をやっているわけではないのです。

■やりたいことは「全体最適を対話で導くヒトづくり」

私がこの活動を持続できる理由。それは苦しかった財政課生活で自分の中に貯め込んだ「怨念」です。現場と財政課が相互に理解しあえず、ただただ喧々諤々の議論を繰り返す日々の中で「対話」を渇望したあの日の自分を思い出し、そんな不幸な職員、不幸な組織をつくりたくないという一心が私をこの活動に駆り立てているように思います。

対立は対話によって乗り越えることができること、意見が違う、立場が違う者同士であっても、対話によって互いの間にある壁を壊し、理解しあい、一緒に全体最適となる答えを探すことができること。私は、対立を対話で乗り越えることができるその一例として、財政の話を挙げ、「ＳＩＭ２０３０」を活用し、これだけの数の出前講座で皆さんに自分の考えを語っているのだと、最近ようやく気がつきました。

やりたいのは「全体最適を対話で導くヒトづくり」。互いに情報を共有し、立場の鎧を脱いで胸襟を開き、立場を超えて互いの言葉に耳を傾け、率直な自分の意見をぶつけることができれば、きっと分かり合える。甘っちょろいかもしれませんが、こんな自分の考えを受け止め、賛同し、同じような行動をとっていただける方が増えていくこと。それが私の願いです。

■財政出前の旅はまだまだ続く？

私の財政出前の旅は、まだこれからも続くのでしょうか。

財政調整課を離れてもう2年半。いつまでこんなことをやり続けるんだろうと自分で自分に問いかけることもあります。自分に替わり後輩たちが福岡市の財政運営を担い奮闘するなかで、「昔の名前で出ています」的に福岡市の財政のことを語るのもそろそろ憚られる時期です。いつまでも自分が成し遂げた過去の栄光を語るのもそろそろ潮時かな、と思うことも今まで何度かありました。

しかし、考えてみればこの「出前講座」は自分が主催して参加者を集める「説明会」として出発したものではなく、あくまでも注文を受けてそこに出向く、お客様あってのステージです。売るものがないと自分から店を閉めるのではなく、誰かが自分の話を聞きたいと声をかけてくれる限り、そこには私の講座を聞いて何かを得たいというニーズがあるということ。そのニーズに合わせて自分が話せることを話していくこと、あるいはその場での対話で互いに何かに気づき、学ぶことがある限り、私はこれからも出前の注文を受け続けたいと思います。

全国各地で出会った皆さんの笑顔を思い浮かべ、まだ見ぬ皆さんとのこれからの出会いを夢見ながら、いったん筆を置きたいと思います。

この続きは、「出張財政出前講座」の会場で！

全体最適を対話で導く「ひとづくり」
財政出前講座 with SIM2030
SIM

See You!

エピローグ――外に出てみよう！　世界を広げてみよう！

■39歳からでも人生は変わる

「スーパー公務員」という言葉は好きではありませんが、本を出版し、えらそうに自分の考えを皆さんにお読みいただくところまでたどり着いていることについては、スゴイことだと素直に驚いています。また、こんな自分に育ててくれた周囲の皆様方には感謝の気持ちでいっぱいです。

Ｐａｒｔ５でお話したように、私は本当に10年前まではどこにでもいる普通の自治体職員でした。それが財政調整課の仕事に嫌気がさし、市役所の外に飛び出して半年間の研修に参加したことがきっかけで人生が変わっていきました。10年前に今のような状況を目指していたわけではないだけに、人生の不思議さを改めて感じるとともに、人生、いつからでも変わることができるとつくづく思います。

■この本を読んでみて何かしたくなったあなたへ

最近思うのは、今の若い方々は本当にうらやましいということ。私もまだ若い方だと言われますが、我々の若いころは、まだインターネットもなく、今のようにＳＮＳで瞬時に全国各地の同志たちとつながるなんてことのない、ある意味狭い世界で生きていました。今、情報化が進むなかで世界がみるみる狭くなり、世界中の情報に個人でアクセスできますし、マスメディアによらず個人で情報を発信することも可能になりました。

そんな恵まれた世の中で、我々の何十倍も人的ネットワークを築くことが容易になった時代に生きる若い世代の皆さんが、自分の手の届くところ、見える範囲の世界で踏みとどまっていることがとてももったいなく思います。特に自治体職員の皆さん。自分の殻を破り、立場の鎧を脱いで、外の世界に一歩踏み出してみてください。踏み出した後に素晴らしい世界が待っていることは、この本にも書いているとおり、一歩踏み出した我々が証明しています。

この本を読んだことがきっかけで、始めの一歩を踏み出すことができた、という方が一人でも出てくれることを切に望みます。

■福岡市役所の皆さんへ

今、全国各地でこの話をすることができ、こうして本まで書かせてもらえているのは今まで私のこの挑戦を支え、励まし、力を貸してくださったたくさんの周囲の皆さんのおかげです。いろいろな方にお礼を述べなければいけません。

まずはなんといっても、自治体職員として私が働く福岡市役所の懐の深さです。私が財政調整課長時代に市職員向けに財政出前講座を始めたのは職務の一環だとしても、それを他の自治体職員向けの「出張財政出前講座」という形で外に出ていくこと、また、この活動に関連して月刊『地方財務』をはじめとする雑誌への寄稿やSNSでの情報発信についても快く認めていただいた、これまでの全ての上司、同僚、部下職員はじめ私の周囲の皆様方のおかげです。皆さんが職務とは直接関連のない私の出前活動を決して否定することなく温かく応援いただいたおかげでこれだけの実績を積むことができ、その成果が認められてこの出版に至ったということを改めて御礼申し上げます。

■熊本の皆さんへ

次にお礼を申し上げなければいけないのは、対話型自治体経営シミュレーションゲーム「SIM2030」を私たちに与えてくれた熊本県庁職員有志「くまもとSMILEネット」の皆さんです。このゲームの虜になった私に「SIM2030」ファン第1号の称号を与えていただき、文字どおり伝道師となって全国各地で我がもののように「SIM2030」を披露し、したり顔で講釈を垂れていることを容認し、陰ながらサポートいただいていることを改めて感謝申し上げます。

■全国のフォロワーの皆さんへ

さらにお礼を申し上げたいのが、全国各地での出前講座を企画開催し、参加し、その情報を拡散し続けてくださっている、これまでの私の活動にかかわっていただいた皆様。皆さんのフォロワーとしての温かい見守りと励ましのお言葉でどれだけ元気づけられ、勇気をもらい、時には調子に乗って高みを目指して飛び跳ねることができたおかげで、気がついたらこんなところまで登りつめることができました。皆さんの「いいね！」がなければとても本を出すようなところまでたどり着いていなかったと思います。また、数々の出前講座出講の機会をいただいたおかげで、多様な参加者からなる対話の場づくりの経験を豊富に積み、出前講座の場づくりそのものを進化発展させることができました。本当にありがとうございました。

■出版社の皆さんへ

忘れてはならないのが、私が普通の財政課長ではないことにいち早く気づき、月刊『地方財務』でたくさんの寄稿の機会を与え、今回の出版の企画を進めていただいた㈱ぎょうせいの皆さん。２０１３年（平成25年）の夏、特集「財政担当課職員が選ぶ 実務に役立つ１２０冊」のためのアンケートで、堀公俊さんと加留部貴行さんの著書『教育研修ファシリテーター』を紹介したあの時、私のちょっと変な部分を見出していただいていなければ、今、この瞬間が訪れていなかったはずです。私の出した変化球のサインに気づいていただき、私を見つけてくださってありがとうございました。

なお、この本の刊行にあたっては、㈱ぎょうせいの月刊『地方財務』に過去に寄稿した原稿を一部転用し再構成しています。また、㈱公職研の月刊『地方自治職員研修』２０１６年11月号に寄稿した「情報の「共有」から「共感」「共働」へ～厳しい財政状況を「対話」と「信頼」で乗り越えろ～」からも転用しています。

■和田あずみさんへ

そして、今回の出版に際して、グラフィックレコーディングの技術を駆使して挿絵を描いてくださった和田あずみさん。私のつたない文章では伝わらない、難解な部分、とっつきにくい箇所をうまくフォローしていただき、わかりやすく温かみのある書籍に仕上げていただけたこと、大変ありがたく思っています。この挿絵のおかげで、財政って難しそう、字ばかりで読むのがつらいのではという方々にもきっと手に取ってもらえることでしょう。打ち合わせから今までの共同作業、大変楽しく過

1,000km離れた相棒である今村さんと、場を共有し、原稿と絵で交わし合うコミュニケーションは、さながらジャムセッションのようでした！ 楽しくかけ合って、あっという間に一曲演奏し終わった気分です。

今村さん、そして全国の行政職員の方の応援をうけて、一緒に活動していくなかで「住んでいる場所や、立場は違えど、私たちは同じ方向を向いているんだ！」と確信するようになりました。

閉塞感が広がって、どんな風に歩んでいっていいか見えづらい現代社会。この力で、この閉塞感を打ち破って、ありたい未来へ進む力として、対話することがあるのだと思います。

今村さんは本書にて、「対話に大事なポイント」として「情報共有」「立場を超える」「ビジョンを共有する」の3つを挙げられていました。グラフィックレコーディングを含む、絵を活用したビジュアルファシリテーションは、まさにこの「対話に大事なポイント3点」を促していくためのパワフルな道具になると思うのです。

この本を読んでくださった方が一歩踏み出した時、今村さんが皆さんのお力になるように。

私もビジュアルファシリテーションを活かして、皆さんのお力になれれば、とても嬉しく思います。

ありがとうございました！

そしてこれからも、仲間として、どうぞよろしくお願いいたします！

和田あずみ

ごさせていただきました。遅筆でお迷惑をおかけし、本当に申し訳ございませんでした。お忙しいなか、ご協力ありがとうございました。

和田さん、このプロジェクトに参加してみて、いかがでしたか。

■最後に一番大事なひとへ

仕事だけでも忙しくしているうえに、休日返上で全国を飛び回る私のワガママな課外活動を笑顔で送りだし、励まし、いつも陰で支えてくれている妻に最大限の感謝の言葉を贈り、3か月にわたる長い執筆の結びといたします。

2018年（平成30年）10月

今村　寛

■著者紹介

今 村　寛（いまむら・ひろし）

福岡市経済観光文化局中小企業振興部長（元財政局財政調整課長）

昭和44年生まれ。神戸市出身。平成3年、京都大学卒業、福岡市入庁。産業廃棄物指導課、都市計画課、企画課等を経て、平成24年4月より財政調整課長。平成28年、経済観光文化局創業・立地推進部長、平成29年から現職。
福岡市職員を中心メンバーとするオフサイトミーティング「明日晴れるかな」を主宰するほか、「ビルド＆スクラップ型財政の伝道師」として、「出張財政出前講座 with SIM ふくおか2030」を携え全国を飛び回る。

（平成30年11月現在）

自治体の“台所”事情
“財政が厳しい”ってどういうこと？

平成30年12月25日　第1刷発行
令和5年7月21日　第9刷発行

著　者　今 村　寛

発　行　株式会社ぎょうせい

〒136-8575　東京都江東区新木場1-18-11
URL：https://gyosei.jp

フリーコール　0120-953-431
ぎょうせい　お問い合わせ　検索　https://gyosei.jp/inquiry/

〈検印省略〉

印刷　ぎょうせいデジタル㈱

ISBN978-4-324-10582-5
(5108488-00-000)
〔略号：自治体台所事情〕